KiWi 392

Über das Buch:
Einerseits gibt es keine Heldengräber in Bonn, Köln oder Aachen, aber andererseits ist das Rheinland die knochenintensivste Region Nordwesteuropas. Ob Ursula und Gereon in Köln, Cassius in Bonn oder Donatus in Münstereifel: Es wimmelt von Heiligen und ihren sterblichen Überresten, den Knochen, die als Reliquien heftig begehrt und lebhaft verehrt werden. Die Rheinländer sind mit ihnen auf Du und Du. Aber ist deshalb auch der Umgang mit Tod und Sterben anders? Ist es gar vergnüglicher, leichter? Oder kommt es am Ende doch wieder auf dasselbe heraus: Wir haben Angst und tun uns schwer mit dem Abschied?
Nützt der Umgang mit den alten Klamotten heute überhaupt noch etwas? Keiner geht mehr in die Kirche, aber alle müssen sterben. Und wer ist heute zuständig für diese Themen? Die Kirche, der Glaube? Oder das Kabarett und der ADAC?
Diesen und anderen Fragen rund um das Sterben und den Tod widmen sich der Stadthistoriker Martin Stankowski und der Kabarettist Rainer Pause: Kulturgeschichte mit schwarzem Humor.

Die Autoren:
Rainer Pause, alias Fritz Litzmann, Bonner Kabarettist und Vereinsmatador im Pantheon-Theater, Bonn.

Martin Stankowski, Kölner Journalist, Geschichtenerzähler und alternativer Stadtführer.

Haus der menschlichen Begleitung

**Bestattungshaus Trauerbegleitungshaus
Begegnungshaus**

pütz - der etwas andere Umgang mit Trauer

Inh. Dipl.-Kfm. Fritz Roth

Kürtener Str. 10
51465 Bergisch Gladbach
Tel. 02202/**93580**
Fax. 02202/37123

RAINER PAUSE & MARTIN STANKOWSKI

TOD IM RHEINLAND
Eine bunte Knochenlese

Letzte Worte von
Carmen Thomas

Karikaturen von
Achim Greser
und Heribert Lenz

Kiepenheuer & Witsch

Herausgegeben von Rainer Osnowski

© 1995 by Verlag Kiepenheuer & Witsch, Köln
Alle Rechte vorbehalten. Kein Teil des Werks
darf in irgendeiner Form (durch Fotografie, Mikrofilm
oder ein anderes Verfahren) ohne schriftliche
Genehmigung des Verlages reproduziert oder unter
Verwendung elektronischer Systeme verarbeitet,
vervielfältigt oder verbreitet werden.
Umschlaggestaltung: Kalle Giese, Overath
Umschlagmotiv vorne: TR!O LOGO, Köln
Umschlagfotos hinten: Manfred Linke, laif, Köln
Layout und Satz: Prima Print, Köln
Druck und Bindearbeiten: Clausen und Bosse, Leck
ISBN 3-462-02473-6

I.

BEGRÜSSUNG – GRABPFLEGE IST HEIMATPFLEGE

PROTOKOLL

der außerordentlichen Sitzung des Heimatvereins »RHENANIA e.V.« in der Trauerhalle des Krematoriums der Stadt Köln am 14. März 1995

Thema: TOD IM RHEINLAND

Beginn der Sitzung: 20.03 Uhr

Anwesende Mitglieder: 274

Sitzungsleitung:
Alters- und Ehrenpräsident
FRITZ LITZMANN

Referent:
DR. MARTIN STANKOWSKI

Protokollant:
Rainer Osnowski

Entgegen der üblichen Unruhe im Saal herrscht Totenstille. Alterspräsident Fritz Litzmann betritt schleppenden Schrittes das Podium, weicht vorsichtig der im Boden klaffenden Öffnung des Sargaufzugs aus und eröffnet unter zögerndem Beifall die Sitzung mit dem
Tagesordnungspunkt 1: Begrüßung.

Liebe Mitglieder mit Glieder unseres geliebten Heimatvereins Rhenania, liebe andere Gäste!

Ich freue mich, daß ihr so zahlreich hier erschienen seid, denn das Krematorium, der Ort, an dem wir uns zusammengefunden haben, ist als Vereinslokal noch etwas gewöhnungsbedürftig. Andererseits erschien er uns durchaus passend, um uns einmal mit dem zu beschäftigen, an dem wir alle nicht daran vorbeikommen, da können wir machen, was wir wollen: dem Tod! Vielleicht rückt ihr einfach ein bißchen zusammen, man fröstelt ja leicht in dieser Umgebung, denn der Ofen ist ja im Moment nicht an. Ist vielleicht auch besser so.

Leichtes Kichern im Saal

Ich bitte um Ruhe!

Und unter Tagesordnungspunkt 1 möchte ich mich zunächst bei all denjenigen bedanken, die diesen Abend haben zustande kommen lassen, beim Grünflächenamt der Stadt Köln, beim Bezirksamt, unserem Herrn Bürgermeister Rombey, beim Friedhofsleiter Müngersdorff, vor allen Dingen aber bei Herrn Roth vom Bestattungsinstitut Pütz,

Der Alterspräsident Fritz Litzmann

unserem Bestatter – Ausstatter sollte ich besser sagen, denn er hat uns für diesen Anlaß freundlicherweise die ganzen Originalutensilien bereitgestellt.

Er hat so wunderbare Särge! Ich war bei ihm und habe sie mir angeguckt, wunderschön! Er hätte sie am liebsten auch alle hier aufgebaut, aber wir haben gedacht, das wird dann doch ein bißchen eng, wenn man so dazwischensitzt. Womöglich kommen dann auch komische Gefühle auf, also haben wir sie draußen gelassen. Bis auf einen, den finde ich so schön schlicht. Schade, daß er das Preisschild abgemacht hat, das hätte mich jetzt interessiert.

Jedenfalls: Der Tod ist an und für sich nix Neues. Wir kennen ihn ja alle aus den Nachrichten oder aus der Zeitung – ich lese ja so gern die Todesanzeigen, und bin dann

GRABPFLEGE IST HEIMATPFLEGE

Liebe Mitglieder mit Glieder, zum Höhepunkt unseres Bunten Abends haben wir einen Experten eingeladen ...

immer erleichtert, daß der Tod auch an berühmten Persönlichkeiten wie dem Bert Lankaster oder dem Heinz Rühmann nicht vorbeigeht. Kürzlich stand auch der Nachbar von gegenüber drin, da habe ich gedacht: Gott sei dank, hat es den endlich auch erwischt! Ich hatte ja ständig Krach mit ihm ... Was ich aber sagen wollte: Man kann also ganz beruhigt mit dem Gefühl sterben, hinterher auch einmal in der Zeitung zu stehen.

Abschied nehmen ist schwer, gerade wenn man im Herbst des Lebens steht – wie zum Beispiel die FDP! – Gut, man soll ja niemandem den Tod wünschen, aber wenn ich an die Heidi Schüller denke, das war doch ein Skandal, wie die sagte, daß wir Alten nicht mehr in den Vorstand gewählt werden sollen! Seitdem steht für mich fest: Die Frau ist für mich gestorben!

Demonstrativer Beifall der älteren Mitglieder

Ich hatte immer ein großes Vorbild im Verein: den Hennes! Der hat immer gesagt: »Mit dem Tod habe ich kein Problem, im Gegenteil, dann bin ich die Sorgen los!«

Das kann man allerdings leicht verstehen, denn er hat immer so einen Braß gehabt mit seiner Frau, weil er soviel gebechert hat ... Tja, aber letztes Jahr hat es seine Leber nicht mehr gepackt, und dann war es soweit, da kam der Pastor und sagte: »Gott ja, Hennes, ich habe es dir immer gesagt, einmal ist es vorbei. Aber tröste dich, du kommst jetzt in ein schönes neues Land, in ein besseres Land, in ein Land, wo Milch und Honig wachsen, ein Land ...« »Ja, is jut«, sagte der Hennes, »is ja ejal, Hauptsache, es ist nicht das Westfalenland!«

Man muß dabei sagen, die Frau von ihm war ja aus Hamm! Gott, war mir das peinlich in der Situation, weil die stand ja dabei. In dem Moment sagte sie zu ihm: »Du mußt groß reden, du kommst doch selbst aus der Ecke, aus Unna!« – Totenstille im Raum. Also, viel früher als gedacht. Und ich dachte, ich höre nicht richtig: der Hennes aus Unna! Der war gar kein Rheinländer! Wie peinlich! – Aber dann dachte ich, jetzt sag' bloß nix, weil sein Erbe hatte er ja dem Verein vermacht und die Frau war natürlich sauer, daß sie nur das Pflichtteil bekommen sollte! – Und dann sagte sie noch: »Ausgerechnet du mußt Westfalenwitze machen, noch auf dem Totenbett willst du dich anbiedern!« – Die Frau war mir auf einmal richtig sympathisch. Hennes kriegte einen hochroten Kopf und ich habe mir auf die Lippen gebissen, daß mir nichts rausrutscht, nicht daß er sich das noch mal überlegt mit dem Erbe. – Aber es ist dann doch alles gutgegangen, er hat nicht mehr lange leiden müssen, und von seinem Geld können wir heute diesen schönen Bunten Abend bestreiten. So haben wir alle was davon.

So! Ich hoffe, ihr habt auch alle eure Testamente mitgebracht, daß wir sie später einmal gemeinsam durchgehen können, denn so ein Testament will gut überlegt sein. Ein kleiner Tip jedoch schon vorweg: Ihr könnt uns schon im vorhinein alles schenken, dann vermeidet ihr die Erbschaftsstreitigkeiten, wir bessern unsere Kasse auf, und richten euch dafür die Beerdigung aus. Aber das besprechen wir dann nachher in Arbeitsgruppen.

Und nun kommen wir zum Tagesordnungspunkt 2: Unser Heimatverein hat diesbezüglich einen Totenexperten eingeladen, denn man muß ja sagen: Grabpflege ist Heimatpflege, den Kölner Journalisten und Rheinlandhistoriker Dr. Martin Stankowski.

II.

RHEINISCHES MARTYRIUM

Unter großem Beifall tritt Stankowski hinter das Rednerpult, während sich der Alterspräsident unter seinem Vorstandstisch zu schaffen macht. Er holt ein Glas Kölsch hervor.

Neidische Unruhe im Publikum, die der Sitzungsleiter wie üblich mit der Glocke erstickt.

Bitte. Herr Dr. Stankowski.

Vielen Dank, Herr Litzmann, für die freundlichen Worte.
Verehrte Damen und Herren!
Wenn man über das Rheinland spricht, dann fängt man natürlich da an, wo auch das Rheinland anfängt, nämlich bei den Römern. In unserem Fall genauer: bei den Ägyptern. Bekanntlich gehörte es zu den Methoden römischer Besatzungspolitik, in den eroberten Gebieten niemals heimische Soldaten einzusetzen. Die wären möglicherweise mit den Feinden verwandt oder verschwägert gewesen, hätten auch dieselbe Sprache gesprochen. Das ist heute noch so. Fragen Sie einmal in Südtirol einen Carabiniere oder Alpine, woher er stammt. Da finden Sie massenhaft Sarden oder Sizilianer, aber nie einen Österreicher.

Jedenfalls wird aus der Zeit der römischen Besetzung des Rheinlandes von einem Aufstand berichtet, woraufhin die Heeresführung eine Elitedivision aus Theben in Marsch setzte, um ihn niederzuschlagen. Theben ist eine Stadt in Ägypten, am Oberlauf des Nils, also mitten in Afrika. Die Soldaten wurden über das Mittelmeer geschifft, durchquer-

DIE RÖMER UND DER ERSTE MÄRTYRER

Der Rheinlandexperte Dr. Martin Stankowski

ten in Eilmärschen Italien und bei der Überquerung der Alpen hatten sie die erste Feindberührung.

Nun waren aber, was die Römer nicht wußten, diese Soldaten aus Ägypten Christen geworden und die waren in dieser Zeit – wir reden ja vom 3. Jahrhundert – Pazifisten, was heute weitgehend in Vergessenheit geraten ist. Nehmen Sie einmal meinen eigenen Namenspatron, Martin. Er erhielt den Namen von seinem Vater, einem hohen römischen Offizier und begeisterten Berufssoldaten in Anlehnung an den Kriegsgott Mars. Martinus ist die Verkleinerungsform von Mars, wörtlich übersetzt also »kleines Kriegerchen«. Nun war aber der Martin alles andere als ein

Krieger, denn als er 18 Jahre alt war, ließ er sich taufen und hängte den Soldatenrock an den Nagel. Darüber wird heute kaum noch gesprochen in der Kirchengeschichte. Das war christlicher Pazifismus. Für die Römer jedoch war das seinerzeit eindeutig Meuterei, für die es nur eine Strafe gab: die Dezimation. Das kommt vom lateinischen »decem«, zehn – Sie haben das noch im italienischen »dieci« – und bedeutete: Jeder Zehnte der meuternden Truppe mußte vortreten und wurde dann wegen »Feigheit vor dem Feind« von den eigenen Kameraden totgeschlagen. Und das passierte diesen ägyptischen Elitesoldaten in den Alpen. Der Anführer der Meuterer war ein gewisser Mauritius, der wurde dort verscharrt, daher stammt heute St. Moritz in der Schweiz.

Die Truppe wurde anschließend ins Rheinland verlegt. In Bonn passierte dasselbe, zwei der Befehlsverweigerer sind noch heute bekannt: Cassius und Florentius. Danach marschierte ein Teil nach Trier, wo es besonders schrecklich zugegangen sein muß. Die Historiker berichten von einem solchen Gemetzel, daß das »Blut die Weinberge hinabfloß in die Mosel«. Der andere Teil kam an den Niederrhein, in Xanten hieß der Anführer der Befehlsverweigerer Victor.

Schließlich gelangte der Rest nach Köln, wo sie sich wieder verweigerten. Ihr Sprecher Gereon wurde wie seine Kameraden totgeschlagen und die Leichen in einen Brunnen geworfen. Das Ergebnis: Alle waren tot!

Mein Gott! Wie furchtbar! Da fragt man sich als Rheinländer natürlich unwillkürlich: Wäre das nicht auch anders gegangen? Ich meine, was hat es ihnen genutzt? – Gut, das war sehr mutig, Helden waren das, Märtyrer!

Das entspricht natürlich im Grunde ganz unserer Mentalität, denn wir sind doch so oft besetzt worden, wir haben auch immer leiden müssen, gerade unter den Preußen, bis heute! Natürlich haben wir uns auch gewehrt – gut, vielleicht jetzt nicht so stark, daß wir dafür direkt gestorben wären. Insofern sind wir vielleicht keine Märtyrer im strengen Sinn.

Und Kriege haben wir immer ungern geführt, es hätte ja Tote geben können!

Sagen wir es mal so: Wenn der Rheinländer mit einer anderen Meinung konfrontiert wird, vor allen Dingen, wenn er das Gefühl hat, der andere weiß besser Bescheid, dann sagt er doch: »Ach is mer doch ejal!« Und stellt damit die Gleichheit wieder her: die Ejalité, wie man auch sagt. Dafür mußte der Franzose eine Revolution machen. Wir allerdings machen keine Revolution, wir führen auch keine Kriege, wir lassen uns besetzen! Denn davon haben wir immer etwas gehabt: vom Franzosen z.B. die liberté, also die freie Liebe, die Frikadellchen, die Fisimatentchen ...

Vielleicht wußte der Gereon das damals noch nicht so zu schätzen, denn er war ja ursprünglich kein Rheinländer, sondern ein – wie sagt man, Neger sagt man ja nicht mehr heute –, also ein dunkelhäutiger Afrikaner, ein zugezogener Ausländer. Einer der ersten Immis quasi, und er kannte die Spielregeln hier noch nicht und ist dann wirklich für seine

Überzeugung gestorben! Für einen Rheinländer eigentlich undenkbar.

Andererseits kam uns das sehr gelegen, denn schließlich war das damals im Rheinland passiert, und so hatten wir völlig unerwartet unseren ersten Helden, ein Unding eigentlich, oder, wie sagt man: die Quadratur des Kreises!

Ich möchte es einmal philosophisch ausdrücken: Wenn der Kant das Rheinland richtig gekannt hätte, dann hätte er nicht die Kritik der reinen, sondern die Kritik der rheini-

Judenverbrennung zur Pestzeit in Köln 1349. Zur Not griff der Rheinländer auf heimische Juden zurück, die er der Brunnenvergiftung, des Ritualmordes oder der Hostienschändung bezichtigte. – Holzschnitt von P. Wohlgemut aus der Weltchronik von Hartmann Schedel, Nürnberg 1493.

schen Vernunft geschrieben! Denn das war ja immer die Frage gewesen: Wie kann man zum Märtyrer oder als solcher verehrt werden, ohne selbst leiden zu müssen? Und hier liegt die Lösung: Die ersten rheinischen Märtyrer waren keine Rheinländer, sondern Neger.

Daraus erklärt sich auch unsere sprichwörtliche Ausländerfreundlichkeit.

Ich bin selbst überrascht, was ich gefunden haben, Herr Wachtmeister! Scheint ein Römergrab gewesen zu sein ...

Man weiß nicht, wie lange die Leichen von Gereon und seinen Leidensgenossen in dem Brunnen gelegen haben. Jedenfalls erschien eines Tages hier im Rheinland eine Italienerin, eine Dame, von der bekannt war, daß sie sich für Altertümer interessierte. Sie hatte einen gewissen Ruf als Archäologin, hatte schon manche wertvolle Ausgrabung gemacht, wie z.B. die der Überreste der Weisen aus dem Morgenland, die späteren Heiligen Drei Könige. Sie hatte auch die Kreuze in Jerusalem gefunden, an denen Jesus und seine Mithäftlinge hingerichtet worden waren. Manche sagen einfach, sie war nekrophil.

Diese Römerin mit Namen Helena kam aus einer der ersten römischen Familien. Ihr Sohn war der berühmte Kaiser Konstantin, in dessen Regierungszeit das Christentum zur Staatsreligion avancierte, weswegen er in der Kirchengeschichte bis heute hoch gerühmt wird. Er wurde auch – wie seine Mutter Helena – heiliggesprochen, was sich indes eher auf die staatspolitischen Leistungen beziehen dürfte, als auf seine Familienverhältnisse. Die Chronisten berichten nämlich, daß auf seinen Befehl hin der Schwiegervater erhängt, zwei Schwager erwürgt und ein Neffe erst zum Sklaven degradiert, dann ausgepeitscht und schließlich erschlagen wurde. Zudem ist überliefert, daß er seinen eigenen – wenn auch unehelichen – Sohn vergiftete und am Ende die eigene Gattin mit Namen Fausta im Badezimmer erstickte. Diese war immerhin die Mutter von drei Söhnen und zwei Töchtern Konstantins, stammte aus einer berühmten römischen Senatorenfamilie, den Laterani, und spielte auch eine Rolle in der Kirchengeschichte. Ihre Fami-

Die Reste von Gereon und seinen Freunden ließ Helena aus dem Brunnen holen.

lie besaß riesigen Grundbesitz, den Konstantin nach dem Tod seiner Gattin dem Papst schenkte. Daher sprechen wir heute noch vom »Lateranpalast«.

Helena jedenfalls hatte die Geschichte von Gereon und den Kriegsdienst verweigernden Soldaten gehört und ließ in Köln nach den Leichen forschen. Sie ließ das, was noch übrig war, ausgraben und bestatten. Für Gereon ließ Helena vor der Stadt – an der Stelle, wo heute die Kirche St. Gereon steht – einen prächtigen Grabbau errichten.

Für ein Grab gab es im römischen Reich feste Regeln. Wer jemals in Rom die Via Appia, die alte Landstraße, aus der Stadt hinausgegangen ist, kennt das. Rechts und links stehen die Bauten, die Häuschen und Türme, mit dicken Toren verschlossen und oft mit Mauern umgeben, das sind die alten römischen Grabhäuser, die an den Straßen außerhalb der Stadt angelegt wurden. Denn aus hygienischen

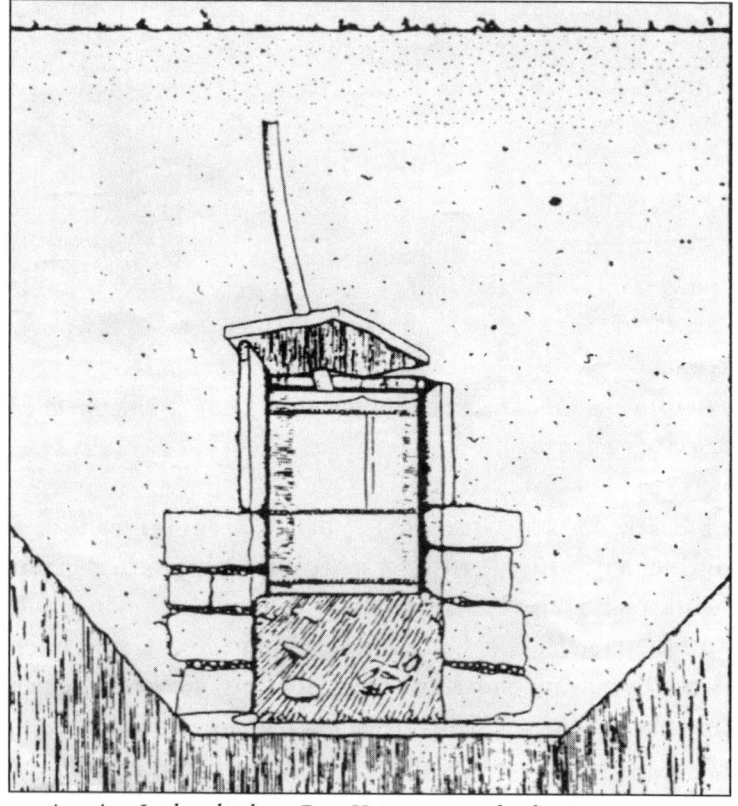

... eine Art Joghurtbecher: Der Versorgungsschacht ins Jenseits. Die Archäologen fanden dieses Römergrab am Eigelstein in Köln.

Gründen waren Friedhöfe und Gräber innerhalb der römischen Siedlungen verboten, natürlich auch im Rheinland. Eines der schönsten Denkmäler in Köln, das Poblicius-Denkmal, war auch ein Grabmal, das weit vor der damaligen Stadt an der Landstraße nach Bonn, der Via Bonn, in Höhe des heutigen Chlodwigplatzes gefunden wurde und von dort ins Museum kam.

Neben den Bebauungsvorschriften gab es bei den Römern auch feste Riten und Gebräuche für das Innere der Gräber. Meistens waren es unterirdische Grabkammern, in die die Leichen oder die Asche der Toten hineinkamen, dazu Grabbeigaben wie Geld, Alltagsgegenstände für das Leben im Jenseits, Schmuck, Kosmetika und vor allem Lebensmittel. Noch heute finden die Archäologen bei Grabungen im Rheinland immer wieder solche Gräber mit diesen Utensilien. Manche haben sogar einen Versorgungsschacht von der Grabkammer nach oben, wie eine Art überdimensionierter Strohhalm aus einem Joghurtbecher, durch den Lebensmittel, vor allem flüssige, eingefüllt werden konnten – Wegzehrung für die letzte Reise.

Wo Sie gerade von der letzten Reise sprechen, Herr Stankowski: Ich war ja letztens in Mexiko! Da haben wir vom Verein aus eine Gruppenreise hin gemacht, weil noch was übrig war in der Kasse. Also jetzt nicht der ganze Verein, sagen wir mal so: Ich habe eine Gruppenreise gemacht, aber der Verein hat es bezahlt, insofern war er quasi mit dabei. Jedenfalls hatte ich irgendwie die Gruppe verloren und stand auf einmal inmitten von Hunderten von

FEIERN AM GRAB

Das Orchester des Todes. Der Doten Dantz von Heinrich Knoblochzer, Heidelberg 1490.

Menschen, die tanzten, sprangen und feierten, die haben fleißig getrunken – es war eine Bombenstimmung! Und ich dachte noch: Vorsicht! Das ist womöglich nur ein Trick, daß sie unauffällig an mein Portemonnaie rankommen. Aber nein, nichts ist passiert, und ich habe mich direkt anstecken lassen von dieser Stimmung. Schwupp, hatte ich selbst einen Becher Wein in der Hand, toll!

Da sehe ich plötzlich, wie neben mir einer so blaß wird. »Gott, Jung«, sage ich, »hast du zuviel getrunken?« Der sah nämlich ganz fertig aus. »Was ist mit dir?« Aber keine Reaktion! Da merkte ich es erst: Der war tot! Um Gottes willen! Und der guckte mich so an – und ich mußte auf einmal so lachen, weil er genauso aussah wie der Karl, wenn er zuviel getrunken hat, der liegt auch immer wie tot! Jedenfalls habe ich gedacht, wo bist du denn hier gelandet, was machste jetzt? Da haben die anderen mir mit Zeichen irgendwie zu verstehen gegeben, daß ... ich war auf einer Beerdigung gelandet! Aber so schön, mit so einer Stimmung! Und da ich habe mir gedacht, so möchte ich auch einmal beerdigt werden!

Ich komme nur darauf, weil in Aachen letztens eine Schwarze von ihren schwarzen Kollegen zu Grabe getragen wurde, also eine Asylsuchende – ich weiß nicht mehr, woran die gestorben war. In Aachen gibt es, glaube ich, keine S-Bahn – jedenfalls war auch dort riesig was los: Die anderen Schwarzen haben auf dem Grab getanzt, der Sarg wurde hochgeworfen, also die sind richtig aus sich herausgegangen. Da hat sich die Stadtverwaltung aufgeregt und ein Bußgeld verhängt, weil das eine Ordnungswidrigkeit

Afrikaner beerdigten vorschriftswidrig

■ Amtliches Protestschreiben wegen ungewohnter Rituale bei der Beisetzung einer katholischen Asylbewerberin in Aachen / Bestattungsinstitut: Von Afrika lernen

Aachen (taz) – Zum Streit um das letzte Geleit ist in Aachen-Brand die Beerdigung einer Asylbewerberin entbrannt. Die Trauerfeier zelebrierte. Der Sarg sei nicht hochgeworfen, sondern lediglich der Tradition entsprechend hochgestemmt worden. genehmigungspflichtig seien. Für Karl Steenebrügge vom Bestattungsinstitut Bakonyi geht die Beanstandung an der Realität vorbei. stattungsrecht (Gaedke, Handbuch des Friedhofs- und Bestattungsrechts) nachzulesen sei.
Die „Aachener Traueraffäre"

Die tageszeitung vom 25.3.1994

wäre! Ich bitte Sie, man muß es doch nicht übertreiben! Die hatten doch ihren Spaß dabei, und Aachen liegt doch im Grunde, wenn auch am Rande, noch im Rheinland. Wenigstens im weitesten Sinn.

Vielleicht war das Ordnungsamt auch nur sauer, daß sie die Frau nicht rechtzeitig abgeschoben gekriegt hatten!? Aber das muß man doch nicht so eng sehen, das spielte jetzt doch gar keine Rolle mehr. Die war doch quasi schon unterwegs.

Da kann man sehen, was preußische Vorschriften alles anrichten können! Womöglich steckte wieder unser Regierungspräsident Antwerpes dahinter! Der ist ja vom Niederrhein! Und er hat ja auch dieses Jahr wieder durchsetzen wollen, daß man am Karfreitag nicht mehr ausgehen darf! Aber was soll ich denn machen? Nach dem ganzen fetten Fischessen muß man doch was trinken, und dann ist es kaum zu vermeiden, daß das eine oder andere lustige Wort fällt. Man kann doch nicht das Lachen verbieten!

Antwerpes sollte sich mal ein Beispiel nehmen an den alten Römern: Die waren toleranter als er, die haben uns Rheinländer damals auf den Gräbern feiern lassen! Ja! Die

„...was soll das ganze schöne Kölsch sinnlos in der Erde versickern!?"

Rheinländer haben nämlich damals doch eine Revolution gemacht, wenn auch die einzige in ihrer Geschichte. Sie haben gesagt, was schmeißen die Römer ihre ganzen Grabbeigaben immer runter in die Erde, durch diese Speiseröhre quasi, was soll das ganze schöne Kölsch sinnlos in der Erde versickern!?

Statt dessen haben sie es dann selbst getrunken und dabei auf den Gräbern gefeiert. So entstand die Tradition des Leichenschmauses, und die sollte man doch heute nicht ändern! Erst recht nicht an Karfreitag, dem wichtigsten Todestag!

Denn eines möchte ich doch einmal betonen, Herr Antwerpes: Wenn der Jesus hier im Rheinland gekreuzigt worden wäre, dann wäre das anders gelaufen! Da wären wir mit ihm auf den Ölberg gegangen, also ins Siebengebirge, oder auf den Petersberg, da ist ja so ein herrliches Restaurant, wo der Adenauer schon nach dem Krieg so schön mit den Westmächten rumgemaggelt hat. Wir hätten uns zusammengesetzt, Jesus hätte uns vielleicht die Weinreste von Kanaan spendiert, wir hätten gefeiert und der Herr wäre unter uns gewesen, drei tolle Tage lang, und dann hätten wir uns geeinigt: Er sorgt in Zukunft für die Getränke, und wir hätten alle unsern Spaß gehabt, mit dem Ergebnis: Er wäre nie gekreuzigt worden!

Aber bedenken Sie, Herr Litzmann, wenn er nie gekreuzigt worden wäre, dann gäbe es ja auch keine Auferstehung, und das hieße, kein Ostern, keine Fastenzeit, kein Aschermittwoch – und auch keinen Karneval!

FEIERN AM GRAB

🗣 Oh! ... Dann ist er vielleicht doch zu Recht gekreuzigt worden!?

🗣 In gewisser Weise haben Sie auch damit recht! Denn ohne Kreuzigung gäbe es keine Erlösung und ohne Erlösung kein Christentum – sagen jedenfalls die Theologen!

🗣 *(erleichtert)* Gott sei Dank!

Große allgemeine Erleichterung, weil an dieser Stelle die Türen aufgehen. Aber statt des erwarteten Kölschfasses erscheint der Friedhofsgärtner Schmitz mit Lorbeerbäumchen auf Rollen, die er ohne ein Wort der Entschuldigung, aber mit dem Hinweis auf die nächste Kremation neben dem Podium abstellt. Allgemeine Unruhe. Läuten des Alterspräsidenten mit der Glocke.

III.

HEILIGE VERSICHERER

Aber noch einmal zurück zum Regierungspräsidenten: Der hat auch historisch keine Ahnung und ich will Ihnen das beweisen. Nehmen Sie einmal den Grundriß einer beliebigen Stadt im Rheinland, die von den Römern angelegt worden ist, z.B. Köln. Darauf ist zu erkennen, daß die Landstraßen in alle Himmelsrichtungen führten. An diesen Straßen lagen auch immer die Gräber und Friedhöfe. Hier haben die Archäologen auch die Fundamente der frühesten Kapellen gefunden, sozusagen auf dem Friedhof. Das hängt mit dem christlichen Kult zusammen, der seinen Ursprung in den Feiern der Christen auf den Gräbern ihrer Toten hat. Die Theologen nennen das die Feier der Gemeinschaft von Lebenden und Toten.

Im Rheinland ist es vorstellbar, daß man bei einer Feier auf dem Friedhof und dem in aller Regel schlechten Wetter gerne ein Dach über dem Kopf hatte und bei Sturm und Hagelschlag eine Seitenwand. Einige Trauergäste waren vielleicht auch erschöpft und brauchten einen Stuhl oder eine Bank und auch die Vorräte für die Veranstaltung mußten gelagert werden. Aus all dem entstanden die ersten kirchlichen Kultzentren und aus den Friedhofskapellen wurden die Kirchen. Dazu kamen natürlich alle Handwerker, wie die Steinmetze und die Totengräber oder die Klageweiber, die beruflich mit dem Tod zu tun hatten. Das Ergebnis war, daß sich auf den Friedhöfen und um den Totenkult herum Siedlungskerne vor den Städten entwickelten, quasi die ersten Vororte.

Das war übrigens in Bonn nicht anders als in Köln. Im Norden am Rhein lag das römische Camp, von dem aus die

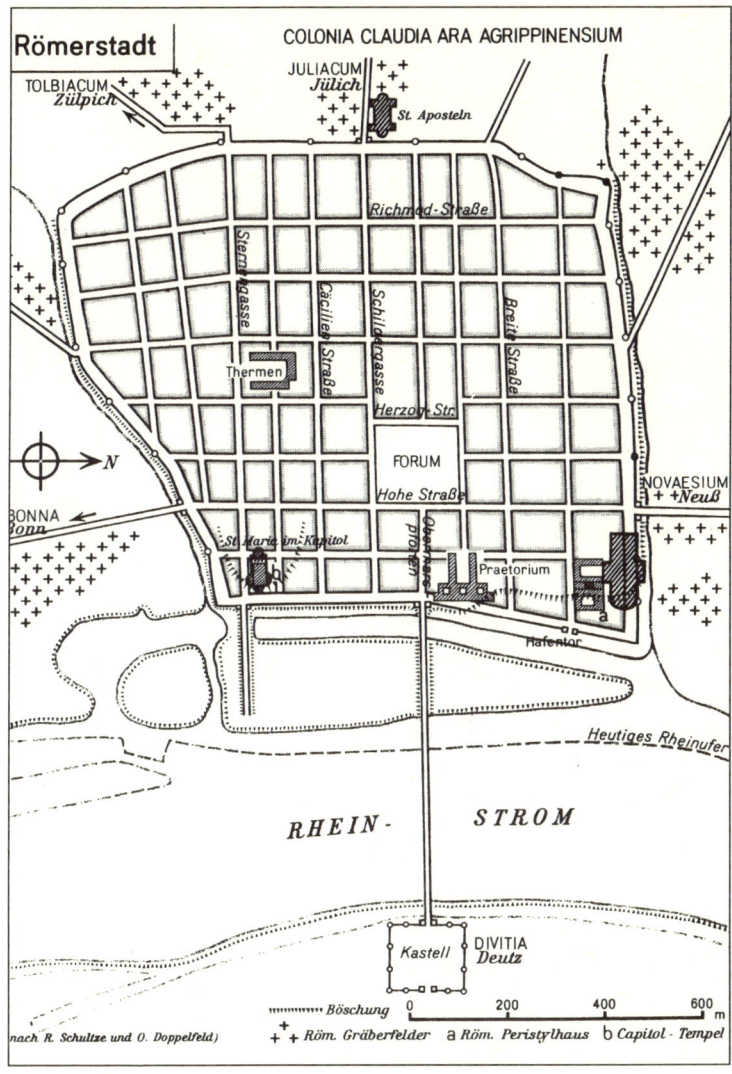

An den Landstraßen vor der Stadt Köln lagen die Friedhöfe. Das war feste Vorschrift in allen römischen Flächennutzungsplänen.

Der Alterspräsident und der Bonn-Grundriß: Im Norden das Legionslager, im Süden der Friedhof, heute das Stadtzentrum.

Militärstraße in die nächste größere Garnison nach Mainz führte. Und auch hier wurden rechts und links die Toten begraben. Zwei der berühmtesten Toten waren Cassius und Florentius, auf deren Grab und zu deren Verehrung die Christen später eine Kapelle bauten. Darauf und daraus entstand die Münsterkirche, heute das Zentrum der Stadt Bonn. Die Fundamente sind noch im Boden neben der Kathedrale zu besichtigen. Die Archäologen behaupten sogar, daß diese Kapelle das älteste Dokument des Christentums im Rheinland überhaupt ist.

🙂 Aha! Mit anderen Worten: Da kann man sehen, daß Bonn völlig zurecht die Bundeshauptstadt gewesen ist. Es war das älteste christliche Grab in Deutschland!

🙂 Vielleicht verstehen Sie jetzt das bekannte Bonmot eines amerikanischen Journalisten: »Bonn ist halb so groß wie der Zentralfriedhof von Chicago, aber doppelt so tot.« Das hat der Mann nicht einfach daher gesagt, das hat historische Substanz.

Überall im Rheinland, jedenfalls überall dort, wo die römischen Stützpunkte und Militärcamps der Ursprung der Siedlungen und Städte waren, entwickelten sich im frühen Mittelalter dann auf den Friedhöfen die Vororte. Später, als die Städte ausgebaut und die Grenzen erweitert wurden, hat man diese Orte eingemeindet, damit wurden sie zum Stadtteil, zum »Veedel« der Städte.

In der Literatur und den Bildern mittelalterlicher Städte oder Dörfer findet man immer wieder Darstellungen von der Kirche und dem Kirchhof, wie zu dieser Zeit nun der Ort der Toten hieß. Das war das Zentrum, in dem sich das Leben der Menschen abspielte. Man traf sich in der Kirche oder daneben, machte Geschäfte, verabredete sich – ein Ort des Lebens und der Kommunikation. Die Voraussetzung war, daß die Menschen dieser Zeit weniger Angst vor den Toten hatten. Sie befürchteten im Gegensatz zu den Römern nicht, daß die Toten die Lebenden stören könnten und schafften sie deshalb auch nicht weg vor die Tore der Stadt. Statt dessen waren Kirchhof und Kirche eine Art Bürgerzentrum jener Zeit.

VOM FRIEDHOF ZUM VEEDEL

Geschäfte, Verabredungen, Feste und Vergnügen: Der Friedhof war das Zentrum der mittelalterlichen Gemeinde. – Tanz auf dem Friedhof. Deutscher Zeichner, um 1600.

VOM FRIEDHOF ZUM VEEDEL

Alles auf den alten Knochen! Jetzt verstehe ich das auch. Wenn ich heute im Vringsveedel am Bürgerzentrum vorbeigehe, wo immer die Rockgruppen spielen, da sage ich immer: Das geht einem durch Mark und Bein! Weil die Bürgerzentren alle auf den alten Friedhöfen entstanden sind! Oder: Musik geht einem in die Knochen! Das sagt man ja auch. Da sieht man, daß sogar unsere Sprache heute noch voller Knochen steckt. Von Fleisch ist nie die Rede. Obwohl ... doch: Den Weg allen Fleisches gehen! Aber das bedeutet ja, daß es verschwindet. Das Wichtige, der Knochen nämlich, bleibt übrig. Erst am Jüngsten Tag, bei der Auferstehung des Fleisches, kommen beide wieder zusammen: Knochen und Fleisch. Fleisch kann vergehen, Knochen bleibt bestehen!

Herr Stankowski, wie ist das eigentlich mit Vegetariern? Kommen die auch in den Himmel? Die mögen ja kein Fleisch! ... Stimmt: Der Hitler war ja auch Vegetarier, der kann doch schlecht in den Himmel gekommen sein ...

Wo wir gerade von den Knochen im Vringsveedel gesprochen haben, also das Severinsviertel, das hängt ja zusammen mit dem Hl. Severin. Kennen Sie den Hl. Severin? Das war ein Bischof damals in Köln, kam aber eigentlich aus Frankreich, also aus Bordeaux, wo es den leckeren Wein gibt. Hier jedenfalls hat er sich seine Rente verdient, war hoch verehrt, und ist dann wieder zurück nach Bordeaux. Soweit ist es noch nicht spannend. Aber jetzt in Bordeaux kam folgendes: Ich weiß nicht, was er da gemacht hat im Ruhestand, jedenfalls ist er plötzlich heiliggesprochen worden, weiß der Himmel warum, denn er hatte gar nichts Schlimmes angestellt, außer, daß er gestorben war. Aber nach seinem Tod hat er erst seine Kraft entfaltet. Eines Tages war Bordeaux von Feinden eingekesselt. Da haben die Bürger einfach nur seine Knochen auf die Mauer gelegt und die Feinde sind schreiend davongelaufen. Davon eilte die Kunde bis nach Köln. Hier war damals eine furchtbare Dürreperiode, das war ja früher üblich. Wir haben ja noch heute die Tradition der Fastenzeit, das hängt noch mit den Dürreperioden zusammen, das ist ja weltweit so, der Mohammedaner hat den Ramadan, der Neger hat die Sahelzone!

Jedenfalls gab es damals diese Dürre, und da hat der Domvikar geträumt, wir bräuchten hier den Hl. Severin, dann würde alles wieder gut. Also sind die vom Kölner Rat gleich nach Bordeaux gefahren – war ja auch eine schöne Reise, und auch besser, als hier die saure Niederdollendorfer Traube zu trinken –, um die Knochen vom Severin zu ergattern. Dort wurden sie natürlich nicht mit offenen Armen empfangen, schließlich brauchte man dort die Knochen selbst. Aber wie der Kölner halt so ist: Fünf, sechs Tage lang haben sie rumgemaggelt und sich schließlich darauf geeinigt, sich den Hl. Severin zu teilen. Und so sind sie mit den halben Knochen zurück nach Köln und kaum hatten sie das Rheinland betreten, blieb ihr Wagen schon im Matsch stecken, so stark hatte es geregnet. So riesig war die Wirkung vom Severin! Sogar mit den halben Knochen. Ja, und die wirken bis heute. Das sehen wir doch am Hochwasser!

Schön, daß Sie dieses Beispiel erwähnen, Herr Litzmann, denn das gibt mir Gelegenheit zu zwei Ergänzungen.

Erstens: Den Heiligen Severin hat es in Köln nie gegeben, der ist als Bischof im 4. Jahrhundert nicht nachgewiesen, eine historische Fiktion.

Fritz Litzmann zeigt sich entsetzt.

Zweitens: Die Geschichte um den Severin ist typisch für die Rheinländer, insbesondere für die Kölner und ihre Mentalität. Sie kennen ja die Redensart vom »wahren Jakob«. Wenn man etwas für unglaubwürdig hält oder bezweifelt, dann sagt man doch: »Das ist auch nicht der wahre Jakob.« Diese Redensart stammt aus dem Mittelalter. In dieser Zeit gab es zahlreiche Städte und Klöster, die als Wallfahrtsorte mit ihren berühmten Heiligen die Pilger

anlockten. Spitzenreiter waren natürlich die heiligen Stätten in Jerusalem – jedenfalls nachdem die »Ungläubigen« von den Kreuzrittern vertrieben oder erschlagen worden waren. Daneben gab es den Heiligen Stuhl in Rom, die Heiligen Drei Könige in Köln und vor allem Santiago de Compostela in Galizien. So wie jeder gläubige Moslem mindestens einmal im Leben nach Mekka pilgern muß, mußte jeder Christ einmal nach Santiago de Compostela. Dieser Name »Santiago« geht ja zurück auf »Sankt Jacob«, weil dort in Nordspanien das Grab dieses Heiligen liegt. Erzählt man. Tausende christlicher Pilger, heute würden wir sagen Touristen, machten sich auf die Monate, manchmal Jahre dauernde Reise. Die meisten gingen zu Fuß, die Begüterten reisten auf dem Esel oder zu Pferd. Wenn sie auf der langen Strecke irgendwo Rast machten oder übernachteten und dann wieder weiter zogen, waren die Gastwirte und Andenkenhändler natürlich eifersüchtig und begannen, ihre eigenen Heiligen anzupreisen. »Warum in die Ferne schweifen, wir haben doch auch wunderbare Heilige.« Aber nichts kam den Knochen des

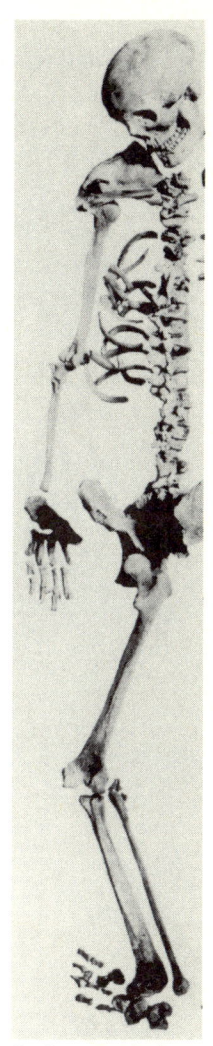

St. Severin, linke Hälfte, heute in St. Amand, Bordeaux, Frankreich

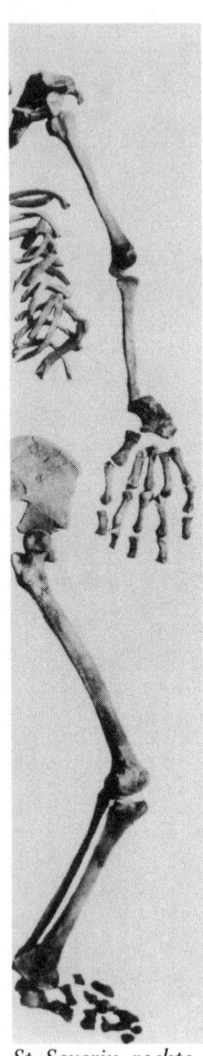

St. Severin, rechte Hälfte, heute in St. Severin, Köln – Südstadt

Heiligen Jacobus gleich, bis einige, wie das italienische Monte Grigiano oder ein französisches Kloster in der Nähe von Toulouse, auf die Idee kamen, ein paar ihrer Reliquien als die des Heiligen Jakobus auszugeben. Sie wollten so ein wenig von dem frommen Tourismus in die eigenen Kassen umlenken. Und wer wollte es den Pilgern schon verdenken, daß sie den beschwerlichen Weg bis in die nordwestlichste Ecke Spaniens verkürzten und sich mit einem anderen, wenn auch billigeren Jakob zufriedengaben? Die Santiager waren natürlich sauer und pochten darauf, daß ihrer der wahre Jakob, der richtige Heilige und jeder andere der falsche, eben nicht der wahre Jakob sei. Daher stammt die Redensart.

Nun war Jakob im Mittelalter nicht der einzige Mehrfachheilige. Die Kirchengeschichte ist voll vom zwei- und drei-, und sogar bis zum dutzendfachen Auftreten der selben Heiligen, bzw. dessen sterblichen Überresten. Doch die Kölner, immer schon clever im Umgang mit den heiligen Dingen, erzählten deshalb lieber gleich, daß sie von ihrem bekannten Stadtpatron und ersten Bischof nur die eine Hälfte der Knochen besäßen, weil sie nämlich genau wußten, daß der ganze Severin in Bordeaux begraben war. So brachen sie jedem Streit schon prophylaktisch die Spitze ab und machten doch mit ihrem halben Severin das volle Geschäft.

Und als Beweis, lieber Herr Litzmann, habe ich Ihnen eine Röntgenaufnahme vom Sarg aus der Severinskirche in Köln mitgebracht. Hier bitte! Sehen Sie! Der halbe Heilige!

Also bitte, es ist doch keine historische Fiktion!
Das Hochwasser, das jedes Jahr bei mir im Keller steht, ist ja schließlich auch keine Fiktion. Gut, das erste Mal habe ich gedacht, es ist nicht so schlimm, ich bin ja versichert. Aber von wegen! Die haben keinen Pfennig bezahlt! Das sei höhere Gewalt! – Natürlich war das höhere Gewalt, habe ich gesagt, das braucht ihr mir nicht zu erzählen, das war der Hl. Severin! Oder letzten Herbst bei dem furchtbaren Hagelschlag, da haben sie auch nicht bezahlt. Das war doch ein Skandal sondergleichen! Riesige Beulen hatte ich im Auto, und was bekam ich von der Versicherung? Keinen Pfennig! – Gut, ich hatte jetzt noch ein paar Beulen zusätzlich reingemacht. Aber auf ein paar mehr oder weniger kann es doch nicht ankommen! Ein Skandal!

Ich will es mal so sagen: Das ist nämlich der Unterschied zwischen den Versicherungen und den Heiligen. Die Heiligen mag es vielleicht nicht gegeben haben, mag ja sein, aber sie haben geholfen! Die Versicherungen heute, die gibt es wirklich, aber sie helfen nicht!

Die Versicherungen können mir gestohlen bleiben.

Deshalb schwör ich heute auf die alten Nothelfer, diese 14 Heiligen. Gut, die haben Schlimmes mitgemacht, aber je schlimmer ihre Erlebnisse waren, um so mehr Erfahrung haben sie und können dementsprechend helfen. Zum Beispiel die Appolonia: Das war ja schrecklich, die haben sie damals gefoltert und ihr bei vollem Bewußtsein die Zähne herausgerissen! Furchtbar! – Aber dafür hilft sie heute bei

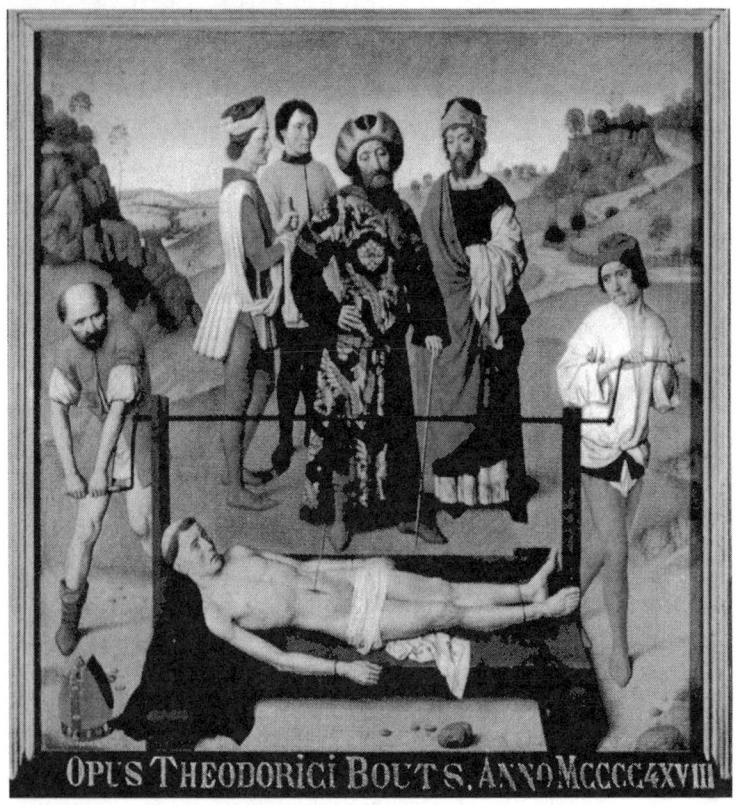

Dem Hl. Erasmus wird der Darm herausgewunden. Seitdem hilft er bei Magenleiden und Verstopfung.

Karies! Oder der Nepomuk hilft bei Leitungswasserschäden. Der Florian ist quasi die Feuerversicherung. Der Blasius hilft bei – nicht gegen die Blase, sondern wie heißt es –, bei HNO, also Hals-Nasen-Ohren. Der Erasmus, das war auch so ein schlimmer Fall. Dem haben sie bei lebendigem Leib den Darm rausgedreht. Furchtbar! Wofür ist der jetzt der Heilige? Gegen Verstopfung oder gegen Durchfall? Vielleicht gehe ich in dem Fall doch besser zur Krankenkasse.

Und dann gibt es ja noch den Hl. Christophorus. Den hatte ich immer schon im Auto, als Plakette vorne an der Scheibe. Also nicht direkt an der Scheibe, da hält er nicht, der ist ja magnetisch, sondern am Rückspiegel, also nicht mitten darauf, sondern am Rand. Da fällt er natürlich manchmal runter, wenn man scharf bremst, aber das tut ihm nix, er hilft trotzdem. Jedenfalls hilft der Christophorus, der hilft, der hilft, ... wogegen hilft der eigentlich, Herr Stankowski?

Christophorus, Herr Litzmann, sorgt für einen guten Tod.

Wortloses Entzetzen von Fritz Litzmann

Fast alle großen Kulturen und Religionen haben eine ähnliche Vorstellung über das Verhältnis von Diesseits und Jenseits, von Welt und Gegenwelt. Sie sind voneinander getrennt durch einen Fluß, den Todesfluß, über den der Tote oder seine Seele nach dem Ableben hinüber muß. In

CHRISTOPHORUS UND DER GUTE TOD

Die gängigen Hinrichtungsarten und Folterpraktiken lieferten die aktuelle Anschauung für die Heiligenlegenden. Das Motto: Woran der Heilige gelitten hat, davon versteht er was!

der Vorstellung ist das Wasser die Grenze, vielleicht in der früheren Annahme, daß die Welt rundherum von Wasser umgeben ist. Die Griechen hatten dafür feste Begriffe: Aacharon war der Todesfluß und Charon war der Fährmann, der die Toten hinübergebracht hat. Um den Fährmann zu bezahlen, wurde auch Geld ins Grab gelegt. Daher kommt übrigens auch die bekannte Redensart »über den Jordan gehen«. Früher gab es auch in unserer Gegend für das Sterben die Umschreibung »über den Rhein gehen«. Das ist zwar aus der Mode gekommen, aber man spricht ja immer noch äußerst abwertend und negativ von der »anderen Rheinseite« ...

Haben Sie es passend? Ich kann nicht rausgeben!

Christophorus ist der Heilige, der im christlichen Olymp die Rolle des Fährmanns übernommen hat, er ist Charon. Deshalb stapft er in den Darstellungen auch immer durch einen Fluß. Die Menschen glaubten, daß man an dem Tag, an dem man den Christophorus sieht, nicht ohne Sakramente sterben wird. Daher findet sich sein Bild oder seine Figur auch meistens im Eingangsbereich der alten Kirchen. Da reichte ein Blick durch die Tür.

Christophorus ist also kein Schutz gegen das Sterben, sondern ist wichtig für einen guten Tod.

Der hilft nicht gegen den Tod?! – Vielleicht schaffe ich mir dann doch besser einen Airbag an, und zahle auch die letzte Rate von der Haftpflichtversicherung. Hinten vielleicht noch den gelben Engel darauf vom ADAC, dann bin ich rundherum abgesichert. Und wenn das alles nichts hilft, dann klebe ich noch den Christophorus auf den Airbag darauf, sicherheitshalber, dann sorgt der Christophorus wenigstens für einen schönen Tod!

Lautes Krachen und Scheppern vor der Tür. Unruhe im Saal. Ununterbrochenes Piepsen eines Handys (d.i. Funktelefon). Bestatter Pütz bahnt sich geschäftig einen Weg durch die Menge nach draußen.

IV.

HIMMEL, KNOCHEN, FEGEFEUER

DIE ERFINDUNG DES FEGEFEUERS

Das ist zwar schön erzählt, Herr Litzmann, mit Ihrem eschatologischen Airbag. Aber die Frage ist doch nicht, ob einer schön stirbt! Entscheidend ist doch, ob einer in den Himmel kommt oder in die Hölle, in den Hades oder auf den Olymp. Und das war immer die große und entscheidende Frage aller Religionen. Mit dem Tod ist erst mal alles aus, und ganz egal wie groß der Grabstein, wie traurig die Totenfeier und wie ergreifend der Nachruf, die Entscheidung ist gefallen und jetzt kommt es darauf an, wo die arme Seele landet. Und deshalb stellten die Menschen immer die ängstliche Frage nach dem »Danach«. Sie hatten ja keinen Einfluß mehr darauf, konnten nichts ausrichten im Jenseits. Diese große Angst einigt alle Kulturen und jede Religion.

Und damit kommen wir zu einer genialen Erfindung, die exakt zu terminieren und zu lokalisieren ist, und die eine Lösung dieses menschlichen Grundproblems bedeutete: die Erfindung des Fegefeuers – eine Art theologische Relativitätstheorie. Dies geschah im Jahre 1170 in Paris in der Kathedralschule von Notre Dame. Die Theorie des Fegefeuers als Ort des vorübergehenden Aufenthalts der Seele hat zunächst einmal die Entscheidung Himmel oder Hölle aufgeschoben. Und sie hat, das war theoretisch revolutionär und völlig neu, einen Einfluß aus dem Diesseits ins Jenseits konstruiert, die Menschen konnten damit auf einmal in die bislang völlig getrennte Sphäre hineinwirken. Und das war genialerweise auch noch nach dem Tode möglich. Selbst wenn einer längst gestorben war, konnte zu seinen Gunsten noch nachträglich interveniert werden.

🗨 Ich weiß nicht, ob das jetzt alle verstanden haben. Das ist ein bißchen kompliziert. Vielleicht ist ja auch die eine oder der andere Protestant unter uns.

Man muß sich das vorstellen wie beim Fußball. Dort kommt nach 90 Minuten der Schlußpfiff. Und wenn man dann 0:1 zurückliegt, also verloren hat, ist alles vorbei. Da hilft normalerweise nichts mehr. Das Geniale beim Fegefeuer ist jetzt die Erfindung der Möglichkeit der Verlängerung über den Schlußpfiff hinaus. Und zwar nicht nur 2 mal 15 Minuten, sondern womöglich 2 mal eine Stunde, 6 Wochen, sogar 2 Monate, ja das kann 30 oder 500 Jahre dauern! Man muß auch nicht unbedingt selbst spielen, da können auch die Enkel weitermachen, oder auch ganz andere, als Auswechselspieler quasi. Das kostet natürlich was. Jedenfalls kann solange weitergespielt werden, bis doch noch der eigene Siegestreffer gefallen ist. Ist das nicht schön!?

Das hätte sich der 1. FC Köln auch immer schon gewünscht, aber bei dem ist Hopfen und Malz verloren. Der kommt nie nach oben! Aber, und das ist doch wenigstens ein Trost, jeder Spieler für sich genommen hat immer noch die Möglichkeit, in den Himmel zu kommen. Wegen der Erfindung des Fegefeuers! Haben Sie es jetzt verstanden?

🗨 Genauso wie beim Fußball gab es auch für das Fegefeuer feste Spielregeln, die die Menschen genau kannten. Manche spielen heute noch danach. Wenn Sie einmal in ein Museum für alte Kunst gehen, dann finden Sie eine Fülle von Darstellungen des Typs »Stifterbild«. Das kann ein Altar genauso sein wie die Miniatur in einem Stundenbuch oder ein Andachtsbild, immer geht es streng nach den Spielregeln.

Erste Regel war das christliche Begräbnis, die Totenfeier mit dem Priester, der für die arme Seele die Messe liest.

Zweite Regel war die Erinnerung an die Toten im Gebet. Beten konnte jeder. Es gab eigene Firmen, deren Mitarbeiter nichts anderes taten, als tagtäglich für fremde Tote zu beten – Klöster nennt man solche Unternehmungen. Die Dauer und Zahl der Fürbitten, Messen und Gebete nach dem Tode richteten sich allein nach der Bestellung. Alles mußte natürlich bezahlt werden. Es war eine Frage des Geldes. Aus Köln ist zum Beispiel das Testament eines Bürgermeisters, Balthasar von Mülheim, überliefert, der bei den sechs größten Klöstern der Stadt jeweils 500 Seelenmessen in Auftrag gegeben hat. Das macht zusammen dreitausend, allein für ihn. Heute werden dagegen im Schnitt drei Messen gelesen: die Totenmesse, das Sechswochenamt und das Jahresgedächtnis.

Die dritte Regel war das Almosengeben. Es gehörte fest zum christlichen Repertoire, daß der Zehnte für die Armen gegeben werden mußte und eine Erlösung seiner Seele nur erlangen konnte, wer tatsächlich einen Teil seines Besitzes verteilt hatte an die, die nichts hatten.

Die Folge dieser Spielregeln war, daß der Aufenthalt der Seele im Fegefeuer verlängert und damit um so mehr irdische Sünden getilgt werden konnten. Das Purgatorium, der theologische Fachterminus für das Fegefeuer, kommt vom

DIE SPIELREGELN UND DAS SEELGERÄT

*Oben das »Nachspiel«, unten das Fegefeuer. –
Miniatur zum Totenoffiz, um 1460.*

lateinischen purgieren, reinigen. Wir haben dieses Wort heute noch im Purgier-, im Abführmittel. Die Theologen sprechen bei den Anwendungen und Mitteln auch vom »Werkzeug zur Rettung der Seele«, dem sogenannten Seelgerät.

Und obschon diese Erfindung in Paris gemacht wurde, verbreitete sie sich rasch, vor allem im Rheinland, damals eine der entwickeltsten Regionen. Hier gab es eine starke und potente Schicht von Kaufleuten und Händlern, die viel Geld hatten. Köln war im Mittelalter die größte und eine der reichsten Städte nördlich der Alpen. Und viel Geld bedeutet in aller Regel viel Schuld und viel Sünde. Und viel Sünde verlangt nach vielen Gebeten, Messen und enormem Seelgerät. Das kostet natürlich Geld und das war, wie gesagt, hier im Rheinland vorhanden.

Sagen Sie mal, Herr Stankowski, jetzt habe ich aber ein bißchen Schiß bekommen, als Sie sagten, daß man womöglich 500 Jahre lang für sein Seelenheil zahlen muß. Was kostet das denn dann? Ich wollte für den Hennes jetzt ein Jahresgedächtnis bestellen, doch ich weiß gar nicht, was der alles auf dem Kerbholz hat. Nachher sprengt das noch unsere Vereinskasse. Ich war extra im Dom, um mich kundig zu machen. Die haben ja nicht mal einen Preisaushang. Es gibt ja nirgends einen Preisaushang in der Kirche, so wie sich das gehört! Wenn der Pastor jetzt sagt: 25,– DM, kann doch keiner überprüfen, ob das wirklich stimmt. Jede ordentliche Kneipe hat einen Preisaushang! Aber die Kirche hat keinen Preisaushang!

SEELENHEIL UND INFLATION

Gut, es war dann noch erträglich. Zwölf Mark sollte es kosten. Ich habe für mich gleich ein paar Messen mitbestellt, man weiß ja nie. Nur, ich bin mir jetzt unsicher geworden, bei der Inflation, die wir ja überall haben, was ist denn in ein paar Jahren? Beten die dann weniger? Oder muß ich dann womöglich nachzahlen? Aber wie soll ich das anstellen? Dann bin ich doch schon unterwegs quasi!

Das kann doch nicht gutgehen. Vor allen Dingen: Man redet doch heute überall von der drohenden Islamisierung. Auf den Straßen hört man schon mehr »Allah akhbars« als »Vaterunser«. Heißt das, daß der Preis vom Vaterunser in Zukunft nach oben geht? – Gut, jetzt kann man noch Glück haben, denn wenn immer mehr Menschen aus der Kirche austreten, wird ja auch die Nachfrage geringer und damit fällt auch der Preis. Aber wenn es dann auch immer weniger Priester gibt, die beten können, sinkt auch das Angebot, und dann steigt der Kurs vom »Vaterunser« ins Unendliche. Da kostet hinterher ein »Vaterunser« das Hundertfache von einem »Allah akhbar«. Wenn es so weitergeht, sterben die Katholiken womöglich alle aus – werden dann die Türken für mich ein »Allah akhbar« beten? Hilft das dann meiner Seele überhaupt? Sind ein »Vaterunser« und ein »Allah akhbar« überhaupt konvertierbar? Und was wird aus meinen zwölf Mark?

Das ist doch ein Fall für die Verbraucherverbände! Und deshalb fordere ich vom Kardinal Meisner, daß er endlich am Dom und an allen anderen Kirchen einen Preisaushang macht, daß man definitiv weiß, was man für sein Geld im Himmel wirklich bekommt!

Ich weiß nicht, ob das der richtige Weg ist, Herr Litzmann. Im Rheinland vielleicht. Aber es geht doch eher um die systematische Ebene.

Sie kennen sicherlich die berühmte Definition über den Klüngel von Konrad Adenauer: »Man kennt sich und man hilft sich.« Das ist, auf eine einfache Formel gebracht, tatsächlich das Wesentliche in dem komplexen Beziehungsgeflecht zwischen Politik und Ökonomie, Geld und Macht. Nun fragt man sich, wie Adenauer auf diese simple, und doch geniale Definition kommen konnte.

Konrad Adenauer war Kölner, das heißt Katholik und als solcher kannte er das Verhältnis der Rheinländer zu den Heiligen. Die Heiligen waren und sind wichtig als Fürsprecher, sozusagen die »Paten im Himmel«. Sie sind ja da, wo wir noch hin wollen – solange sich unsere Seele noch im Fegefeuer aufhält – und können entsprechend ein gutes Wort einlegen. Dafür mußte man sie natürlich wohlgesonnen stimmen. Seit den Sachsen und den Germanen hat sich da in den Methoden nicht viel geändert. So wie man früher den Göttern Opfer gebracht hatte, hat man später die Heiligen bedacht mit Altären, Bildern, Kerzen, Gedenkfeiern, Veranstaltungen, Umzügen und Prozessionen.

Bis heute gibt es in Köln die jährlichen Prozessionen: etwa an den Festtagen der Heimatheiligen, der Stadtpatrone, des Heiligen Gereon am 14. und des Severin am 23. Oktober, des Heiligen Kunibert am 12. November oder der Heiligen Ursula und ihrer 11.000 Freundinnen am 21. Oktober. Die sind alle um diese Zeit, denn nach der Ernte im Herbst hatten die Menschen Zeit zu feiern. Heute sind

Ursula-Prozession, Köln 1994: Jüngere Kölner Eingeborene tragen die Knochen ihrer Schutzgeister im Oktober um ihr Versammlungshaus herum.

die Veranstaltungen zwar kleiner, doch noch immer ziehen die Prozessionen an diesen Tagen durchs Viertel, rundherum um St. Gereon und St. Ursula, St. Severin oder St. Kunibert und vor allem: Man nimmt die Heiligen mit, besser gesagt, was man von ihnen hat, die Knochen, die Reliquien.

Bei der Ursula-Prozession etwa tragen schon die Kinder die Schädel, vorsichtig auf den Händen und gesichert mit einer Schnur um den Hals, das den Heiligen nichts passiert und die Knochen nicht runterfallen. Nun mag man sich fragen, was das bedeutet, denn es handelt sich ja um reale Tote, bzw. um deren Überreste. Die Reliquien sind als religiöse Gegenstände zunächst einmal Medien ins Jenseits. Es sind Medien, mit deren Hilfe die Rheinländer mit dem Himmel kommunizieren. Die Reliquien sind aber auch Totenobjekte, die angefaßt, berührt und herumgetragen werden. Das Wort »berühren« drückt ja ein wechselseitiges Verhältnis aus: Man faßt etwas an, berührt es, und ist zugleich davon angerührt.

Den Rheinländern war es immer wichtig, möglichst viele Reliquien von möglichst vielen Heiligen zu besitzen, um möglichst viele Paten im Himmel zu haben. Da reichte nicht immer ein halber Heiliger wie der Severin. Da wurde gekauft und auch getauscht, geschenkt und geliehen und wenn das nicht reichte, wurden auch schon mal die Heiligen durch fromme Legenden vermehrt. Zum Beispiel bei den Freunden um den Hl. Gereon: Der erste, Mauritius, blieb ja, wie berichtet, in der Schweiz auf der christlichen Strecke, dann Cassius und Florentius in Bonn, einer in Trier, Victor in Xanten und schließlich Gereon selbst in Köln. Zusammen waren das sechs, aber die rheinische Propaganda machte sechstausendsechshundert daraus und erklärte die Gruppe zu einer ganzen »thebäischen Legion«. Das reichte als Vorrat an Heiligen und ihren Knochen schon mal eine Weile und die Kölner konnten sogar noch etwas davon abgeben. Der beste Coup aber war der mit den Knochen der Hl. Drei Könige in Mailand. Sie wurden 1164 von dem Kölner Erzbischof Reinold von Dassel während eines italienischen Feldzugs geraubt und sofort nach Hause geschafft.

DIE HL. 3 KÖNIGE

Was heißt denn hier Raub der Hl. 3 Könige? Das klingt ja wie ein Vorwurf! Was sollten sie denn machen? Woher nehmen und nicht stehlen? Die brauchten doch eine Menge Knochen. Das war doch eine gute Idee! Was gab es denn Prominenteres als die Hl. 3 Könige?

Gut, sie hätten den Jesus nehmen können, aber der war in den Himmel aufgefahren, da kam man so ohne weiteres nicht ran. Petrus? Aber dessen Knochen lagen in Rom, da hätten sie sich mit dem Vatikan anlegen müssen. Paulus war mit Haut und Haaren von den wilden Tieren gefressen worden, da war auch nichts mehr da, also bitte!

Da blieben an prominenter Stelle an der Krippe neben Ochs und Esel nur noch die Hl. 3 Könige! Hätten sie denn Ochs und Esel nehmen sollen? – Gut, das wären ein paar größere Knochen gewesen, aber es war doch nicht nur eine Frage der Quantität, sondern auch der Qualität!

Wenn schon, dann hätten es auch wesentlich mehr Knochen sein müssen. Aber die hatten ja damals noch nicht die Möglichkeiten wie heute. Heute ist die Wissenschaft ja viel weiter, jetzt hat man gerade das vietnamesische Langschwein gezüchtet, das hat 18 statt 12 Rippen, also 6 Knochen auf jeder Seite mehr. Das hätte natürlich mehr hergemacht. Aber das gab es ja damals noch nicht!

Ich weiß auch nicht, ob das nicht merkwürdig geklungen hätte, und ob so viele Pilger über Jahrhunderte nach Köln gekommen wären, zum Hl. Langschwein!

🆂 Wenn man den Erfolg im Auge hat, haben Sie recht, Herr Litzmann. Aus dieser Sicht war die Erfindung des Fegefeuers und der Handel mit den Reliquien ein ökonomischer Dauerbrenner, sozusagen ein Longseller auf der abendländischen Hitliste.

Für rund 1000 Jahre sorgte die Heiligenverehrung entscheidend für die Wirtschaftskraft des Rheinlands. Volkswirtschaftlich gesehen war das Schema ja auch denkbar einfach: Das Produkt sind die Knochen, die Botschaft heißt Seelenrettung und für das Marketing stehen die Festivals und Prozessionen. Man könnte sagen, die Heiligen wurden zum CI, dem Corporate Identity unserer Region.

Das Resultat war, daß sich das Rheinland zur knochenintensivsten Region Nordwesteuropas entwickelte. Der Umgang mit den Heiligen wirkte sich segensreich aus für den Handel, das Handwerk und später, als die Menschen aus ganz Europa als Pilger herkamen, um die wichtigsten Stücke vor Ort zu besuchen, auch für den Tourismus. Die Heiligenverehrung begründete die rheinische Ökonomie und den sprichwörtlichen Kölschen Klüngel. So kam Konrad Adenauer auf die einfache, aber zutreffende Definition des Klüngels, indem er einfach das Verhältnis der Rheinländer zu den Heiligen auf die Politik übertrug. Die Historiker sprechen an dieser Stelle übrigens von »Mentalität«.

🆂 Das müssen Sie gar nicht so negativ sagen! Aber wo Sie gerade vom Knochenklüngel sprechen: Sie kennen doch die Geschichte von Hänsel und Gretel. Das ist eigentlich eine

Die Knochenkammer in St. Ursula, Köln – das prächtigste Beinhaus der Region. Hunderte von Schädeln und Knochen an den Wänden der »goldenen Kammer«, zum Teil herrlich zu Buchstaben und Worten drapiert.

rheinische Geschichte, die wurde bloß von den Brüdern Grimm verfälscht. Das waren ja Hessen. Die Geschichte wird heute noch im Hännesche-Theater in Köln gespielt. Hännesche, nicht Hänsel!

Ich will Ihnen das mal anhand der Geschichte erklären. Was passiert denn da?

Der Hänsel reicht der Hexe den Knochen. Warum? – Als Lockmittel! Als Aufforderung zum Handeln, zum Klüngeln! Denn das hatte er ja gelernt. Das war das höchste Gut, was er hatte: der Knochen. Es heißt ja heute noch: »Die Knochen für jemanden hinhalten«. Das ist ein altes Sprichwort und kommt noch von daher, im Sinne von »ein Opfer bringen«.

Also: Eigentlich ist es das Hännesche, das die Flönz, die Woosch, die Blotwoosch – da ist es wieder, das Blut, das Märtyrerblut –, also die Flönz als Lockmittel hinhält, um zu zeigen, daß er bereit ist, Opfer zu bringen. Also jetzt nicht wirklich, sondern nur als Bild. Für wen auch hätte er sich selbst opfern sollen? Für die Gretel bestimmt nicht, die gab es ja nicht, die gibt es ja im Hännesche-Theater gar nicht.

Mit anderen Worten: Das Hännesche bietet dem Tod – denn die Hexe im Märchen ist ja eigentlich der Tod, weil der Tod meistens dann, wenn er sich besonders schlimm zeigt, als Frau dargestellt wird –, er bietet also dem Tod sein höchstes Handelsmittel dar, was er hat, nämlich den Knochen, um dem drohenden Fegefeuer – hier: dem Backofen – zu entrinnen.

So geht die Geschichte eigentlich!

Und daher haben wir heute noch unsere alte Nationalspeise: die Flönz, gegen das Fegefeuer zwischen Himmel und Äd.

Die Tür öffnet sich. Statt des erwarteten Fasses Kölsch erscheint der Bestatter Pütz mit zufriedenem Gesicht zurück von der Unfallaufnahme. Sitzungsleiter Litzmann verläßt unauffällig das Podium und kehrt mit einem Glas Kölsch zurück.

V.

WO SICH LEICHEN GLEICHEN

Hochinteressant, Herr Litzmann, wie Sie unsere Legenden und die Sprache untersuchen, fast könnte man sagen »sezieren«. Die Menschen hatten in früheren Zeiten sehr viel weniger Kenntnisse über die Zusammenhänge. Für viele Jahrhunderte interessierte sie nur die Frage: Was passiert nach dem Tode? Wohin kommt die Seele? Verdammnis oder Erlösung?

Aber nach der Reformation und mit der Aufklärung kam eine ebenso wichtige zweite Frage dazu: Was passiert mit dem Toten? Es war das 16. Jahrhundert, die Zeit der Renaissance. Bis dahin waren die Körper der Menschen, vor allem der toten Menschen, tabu. Die Kirche hatte das Sezieren der Leichen verboten. Aber jetzt begannen erstmals Ärzte, die Leichen zu erforschen und die körperlichen Details zu ergründen. In dieser Zeit liegt der Ursprung der modernen Anatomie als Ausdruck des neuen, von den Naturwissenschaften geprägten Weltbildes. Man wollte jetzt alles über den Körper wissen, empirisch. Jetzt interessierte man sich weniger für das Leben nach dem Tode, weniger für Hölle und Fegefeuer, sondern mehr für den Körper, und damit auch für den Tod und das Sterben selbst. Der Mensch wurde entmystifiziert und neben die Frage nach der Seele trat die Frage nach dem Körper.

Damals war das Sterben auch kein Tabu wie heute. Gestorben wurde öffentlich, im Kreis der Familie, der Freunde und Nachbarn. Und wenn einer tot war, wurde das Totenglöckchen geläutet, vor das Sterbehaus ein Totenbrett aufgestellt, so daß jeder wußte: Hier ist einer gestorben. Die Leiche wurde hergerichtet, die Nägel und die

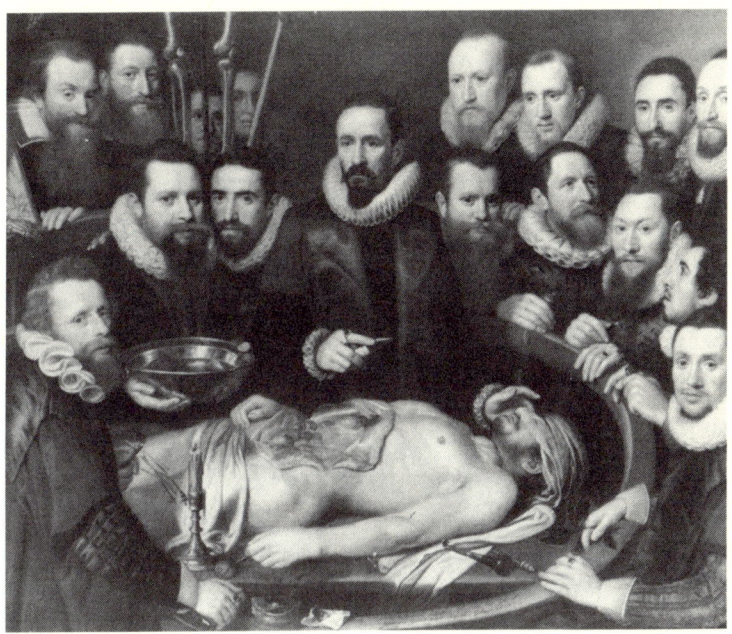

Vor das Chorgebet hat die Aufklärung die Anatomiestunde gesetzt: Wo versteckt sich die Seele? – Sezieren eines Menschen. Die Anatomiestunde des Doktor W. van der Meer in Delft, um 1617.

Haare geschnitten, sie wurde gewaschen und mit einem Totenhemd bekleidet und aufgebahrt. Und dann ging jemand herum und lud die Nachbarn ein, zur Leiche zu kommen und Abschied zu nehmen. Er bat die Mitmenschen zu dem Toten, daher der Name »Leichenbitter«. Die heute noch gebräuchliche Leichenbittermiene stammt daher, obwohl der Bote ganz sicherlich nicht verbittert war, er hatte ja auch gar keinen Grund dazu.

Die Totenwache konnte zwischen zwei und zehn Tagen

dauern, das hing von der Bedeutung des Toten ab, vom Klima, und von der Anzahl der Totenwächter, die Tag und Nacht bei der Leiche blieben. Hier spielte auch die alte Tradition der Leichenfeier eine Rolle, die allerdings nicht wie bei den frühen Christen auf dem Friedhof, sondern im Sterbehaus stattfand. Es gibt zahlreiche Dokumente in den städtischen Archiven, aus denen das Verbot der Totenwachen hervorgeht, weil es immer wieder zu orgiastischen Szenen gekommen sei. Vor allem wenn Männer und Frauen gemeinsam an der Leiche wachten und Alkohol dabei war. Dann wurde mehr gefeiert als getrauert.

erfreut »Schön!«

1688 wurden sogar in Köln vom Stadtrat alle Totenwachen generell untersagt.

erstaunt »Oh!«

Nach der Aufbahrungszeit kam die Leiche in den Sarg und wurde in einem feierlichen Zug zur Kirche – zur Totenmesse – und anschließend zum Friedhof gebracht. Das alles waren öffentliche Akte, die Gemeinschaft nahm Abschied, und das Sterben war quasi vergesellschaftet. Auch der Leichenzug hatte eine hohe repräsentative Bedeutung. Wie viele Menschen nahmen daran teil, wie stilvoll war die Begleitmannschaft geschmückt, woher ging der Weg? Dafür gab es Muster und Vorbilder im Rheinland: die Karnevalsumzüge, die wiederum auf römische Saturnalien und die germanischen Traditionen der Flurumgänge zurückgingen, oder auch die Prozessionen. Manchmal dauerten die Beerdigungen stundenlang. Auch hier gab es immer wieder Eingriffe der Obrigkeit, der die oft pompösen Bestattungen ein Dorn im Auge waren.

Und nach der Beerdigung veranstaltete man schließlich den Leichenschmaus, bei dem noch einmal kollektiv Abschied genommen wurde und der vieles auf den Höhe-

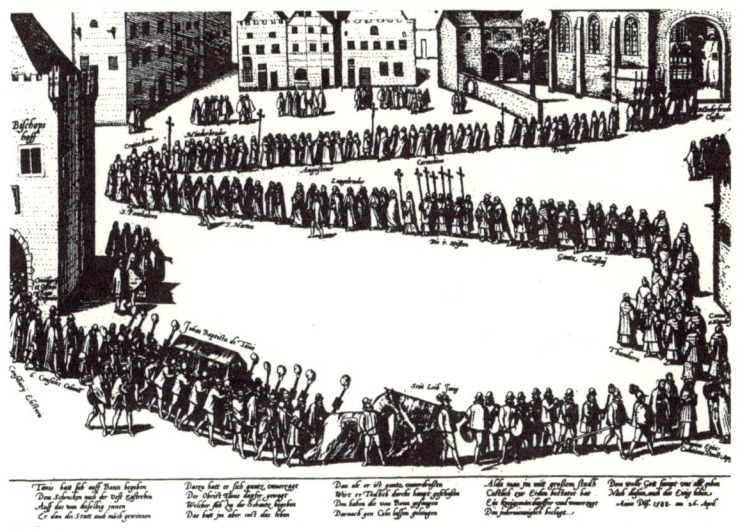

Der Leichenzug ging von Bonn bis nach Köln, so prominent war der Tote.

punkt brachte, was in der Totenwache oder den Feiern auf den Gräbern erst angedeutet war. Das Sterben selbst und der Umgang mit der Leiche waren in jener Zeit öffentliche Akte.

Ach ja, das hat früher noch richtig Spaß gemacht. Schön! Vor allem hat man sich Zeit gelassen mit dem Feiern, also mit den Trauerfeiern. Da konnte man noch richtig Abschied nehmen. Heute geht es doch nur rein-raus. In der Kirche wird nicht mal mehr richtig aufgebahrt, die Trauerfeiern dürfen nicht länger als 15 Minuten dauern, und Umzüge mit dem Sarg sind verboten. Und das im Rheinland! Bloß weil die Leute Angst haben, es könnte anfangen zu riechen. Dabei hat man doch gerade heute so schöne Möglichkeiten!

Ich war ja neulich auf der Bestattermesse, und dort hatten sie so eine Art Kissen, das man dem Toten unterlegen kann, damit er sich länger hält, also wie ein Heizkissen, nur eben kalt. Da könnte man dem Verstorbenen auch im wärmsten Sommer noch eine Woche lang in aller Ruhe ein letztes Mal die Meinung sagen, ohne daß er sich wehren kann.

Überhaupt hatten die dort wunderschöne Sachen, eine Schande, daß die Messe bislang nur für Bestatter geöffnet ist. Man sollte unbedingt auch einen Publikumstag einführen, damit jeder sich frühzeitig über Urnen, Särge und auch Totenwäsche informieren kann! Wie bei der ANUGA, da ist doch auch immer ein Riesenzulauf, weil jeder mal probieren will!

Eine Seebestattung zum Beispiel. Es gibt wunderschöne moderne Seebestattungsurnen, aus gepreßtem Sand und Salz, die zerfallen ruck zuck im Wasser, rückstandsfrei, sind also auch keine ökologische Belastung für die Weltmeere. Gut, für mich wär's jetzt nichts, weil ich bin sowieso immer

DIE BESTATTERMESSE

Deckelkreuze

Farben für alle Deckelkreuze: natur, nußbaum, P 42 rustikal, P 43 rustikal, altdeutsch, mahagoni

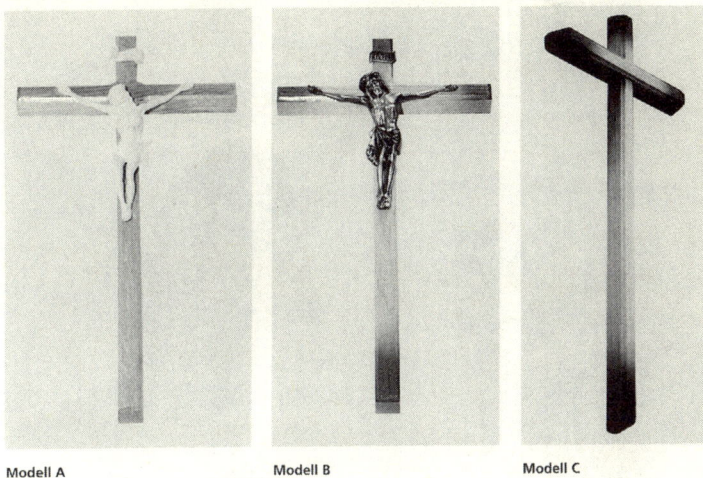

Modell A   **Modell B**   **Modell C**

wahlweise mit oder ohne Korpus

Sarggriff Modell A Farbe nußbaum   **Sarggriff Modell B** Farbe natur, nußbaum

Farben: natur, nußbaum, P 42 rustikal, P 43 rustikal, altdeutsch, mahagoni

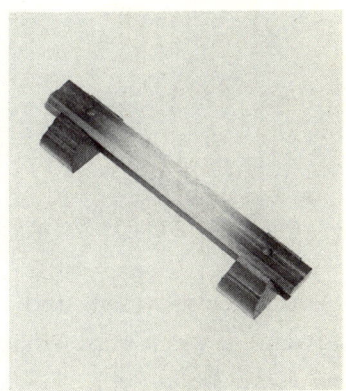

Der Umwelt zuliebe – Neuigkeiten von der Bestattermesse. Kreuze aus dem Regenwald.

Die erste Seebestattung: »Wir lagen vor Madagaskar ...«

wasserscheu gewesen, und außerdem ist es doch ziemlich aufwendig, wenn man jemandem noch ein paar Blümchen ans Grab legen will, daß man dann immer gleich eine Kreuzfahrt buchen muß.

Aber sie hatten auch wunderschöne andere Urnen. Eine Buchurne z.B., nicht nur für Büchernarren: damit man den

Opa immer nah bei sich haben und auf den Kamin oder ins Regal stellen kann. Am Ende hat man ganze Ahnenreihen, also Urnenreihen dort stehen. Das ist natürlich der enorme Vorteil gegenüber dem Sarg, denn der ist meist ja doch etwas zu groß für solche Zwecke. Leider ist das in Deutschland nicht erlaubt. Schade. Man will doch in schöner Erinnerung bleiben. Und wozu der ganze Aufwand mit dem Verbrennen und Eintopfen, wenn man doch unter die Erde kommt. Dann kann man sich ja gleich für den Sarg entscheiden.

Außerdem: Probeliegen kann man in der Urne nicht. Das ist beim Sarg anders. Neuerdings gibt es Workshops, damit man sich frühzeitig an den Sarg gewöhnen kann: Man kann ihn selbst bemalen, oder man kann auch eine Musikanlage einbauen und ihn im Wohnzimmer als Musiktruhe nutzen.

Auch über Verbrennungen habe ich viel erfahren. Mir ist allerdings allein schon die Vorstellung immer unangenehm gewesen. Ich verbrenne mich sowieso andauernd. Aber man sollte immer daran denken, man spürt ja dann nichts mehr, in dem Zustand. Manchem ist es sogar lieber als eine Erdbestattung, weil es sauberer ist. Und auch billiger.

Ein Ofen war dort aufgebaut. Wunderschön. Der Hersteller hat ihn auch ganz stolz vorgeführt. Gut, nicht heiß, sondern in kaltem Zustand. Es war faszinierend zuzugucken. Er schafft 5 bis 6 am Tag, also in einer Schicht, und es ist auch alles geprüft nach der 17. BImSchV, also Bundesimmissionsschutzverordnung, und – das sage ich jetzt vor allem mit Blick auf die Grünen – da kommt nichts raus. Auch kein, wie heißt es, zwischen den Zähnen, dieses ... Amalgam, Quecksilber, Blei. Das wird alles im Filter aufgefangen. Das ist natürlich nicht billig, und sie haben sich auch bitter beklagt, das sei fast so teuer wie die Müllverbrennung. Trotz alledem hieß es, nach spätestens 2 Jahren hätten sie sich amortisiert. Die Öfen.

Insgesamt allerdings war mein Eindruck, daß heute alles, was mit dem Begräbnis zusammenhängt, sauber und ordentlich, aber auch furchtbar steril und steif ist. Früher haben die Leichen vielleicht ein bißchen gerochen und es war etwas unordentlich, aber die Leute hatten dabei doch noch ihren Spaß.

Aber das war nicht immer so ordentlich hier im Rheinland. Im Gegenteil. Viele Menschen konnten sich nämlich bis in unser Jahrhundert gar keine Beerdigung leisten. Das wäre viel zu teuer gekommen. Da wurde manche Leiche heimlich bei Nacht eher verscharrt als begraben. Und auch nicht immer auf dem Friedhof, da wären Gebühren und Kosten für die Kirche angefallen. Gärten, Höfe, Keller, alles diente bisweilen als letzte Ruhestätte. Die historischen Quellen sind voll von Versuchen der Obrigkeit, diese Praxis einzudämmen.

Hinzu kam ja noch, daß die Städte damals mehr Kirchen hatten als heute. In Köln besaß jedes Veedel und Quartier eine eigene Kirche, es gab zahlreiche Privatkapellen, dazu kamen die vielen Stifte und Klöster, und immer gehörte ein Friedhof dazu, der »Kirchhof«, weil er ja direkt neben der Kirche lag. Wer es sich leisten konnte, wurde auch innerhalb der Kirche beigesetzt. Man kann sagen, der Rheinländer lebte sozusagen auf seinen Leichen und Knochen, bis im Jahre 1794 die Franzosen kamen und Ordnung schafften.

Die Preußen!

Bitte?

Das waren die Preußen und nicht die Franzosen!

Das waren die Franzosen, das ist eindeutig.

Sie bringen ja unser ganzes Weltbild durcheinander, Herr Stankowski! Ich dachte, die Preußen hätten hier die Ordnung eingeführt.

Es tut mir leid um Ihr Weltbild, aber als 1794 hier im Rheinland die französischen Revolutionstruppen einmarschierten, da war eine der ersten Handlungen der neuen Besatzungsmacht, die Kirche zu enteignen, die Klöster aufzulösen und die innerstädtischen Kirchhöfe zu schließen. In der französischen Zeit, die ja nicht einmal 20 Jahre dauerte, wurden die ersten »staatlichen« Einrichtungen im Rheinland geschaffen und dazu gehörten auch die großen Friedhöfe. Neben der Gegnerschaft zur Kirche waren dafür vor allem hygienische Gründe maßgebend. Der erste Zentralfriedhof in Köln war der Melatenfriedhof, damals noch weit draußen vor der Stadt. Von dieser Zeit an war es verboten, die Toten innerhalb der Stadt zu begraben. Man hatte damals die Vorstellung und die Angst, die Leichen hätten Ausdünstungen, die für die Menschen schädlich seien. Daher rührt auch bis heute die – übrigens naturwissenschaftlich falsche – Ansicht über das Leichengift. In Wirklichkeit aber kann man sich nicht an einer Leiche anstecken, und man hat ein wie auch immer geartetes Gift an einer Leiche noch nicht gefunden.

Schließlich kam als drittes hinzu, daß die Franzosen mit ihrer Revolution 1789 die Gleichheit aller Menschen herstellen wollten. Und wenn ihnen das nicht schon im Leben gelang, sollten wenigstens die Toten auf dem Friedhof alle gleich sein.

Aber das haben wir hier doch nicht so ernstgenommen! Die Gleichheit war doch quasi ejal. Das wäre ja auch gelacht, wenn ich als Alters- und Ehrenpräsident nicht ein besonderes Grab bekommen würde, jetzt mal im Vergleich zum einfachen Vereinsmitglied.

Die Preußen haben das natürlich wörtlich genommen, mit dieser Gleichmacherei. Das konnte man ja drüben 40 Jahre lang gut verfolgen. Dort gab es ja auch die erste deutsche anonyme Aschestreuwiese. Sogar im Tod noch kollektiv! Aber so richtig ist ihnen das nicht gelungen. Die Toten wurden ja verwaltet beim VEB Stadtkombinat, zusammen mit der Müllabfuhr. Und so haben sie versucht, mit dem Tod einen 5-Jahres-Plan zu machen. Aber das wollte und wollte nicht klappen. Und so schlimm waren sie nun auch

TOTE IM SOZIALISMUS

Jetzt, wo die Mauer weg ist, kaufst Du für Mutter sofort einen Sarg!

wieder nicht, daß jeder nach Plan mit 65 zum Sterben hätte antreten müssen, oder jeder 10. Haushalt dienstags zusammen mit der Mülltonne den Opa rausstellen sollte. Nein, so schlimm waren sie nicht. Tja, der Plan klappte natürlich vorne und hinten nicht, weil sich ums Verrecken keiner daran halten wollte. Damit haben sie gleich ihr Prinzip der Planwirtschaft begraben können. Das war der Anfang vom Ende. Schließlich haben sie ihre ganzen Ideale begraben müssen! Einen so großen Sarg gab es gar nicht, daß die alle reingepaßt hätten! Die hatten drüben sowieso keine Särge. Holz war ja ein seltener Rohstoff, wie die Banane.

Da muß ich Ihnen eine Geschichte erzählen: Kürzlich war ich in Ostberlin, um meinem Vetter beim Umzug zu helfen. Da fragt er mich: »Soll ich den mitnehmen?« Ich wußte erst gar nicht, wovon er sprach, und dann sah ich das erst. Da hatte er doch tatsächlich in der Sitzecke, hinter dem Küchentisch, einen Sarg stehen!! Das muß man sich mal vorstellen! Da hatte er sich vor 15 Jahren schon, als es gerade mal Särge gab, einen gekauft, sicherheitshalber, damit er eine Bleibe hat, wenn es soweit ist. Tja, und wo sollte er ihn hinstellen. Die hatten ja alle so kleine Wohnungen. Da hat er ihn als Sitzbank benutzt! Ich meine, die hießen ja drüben auch nicht Särge, sondern Erdmöbel. Unglaublich.

Deshalb haben sie wahrscheinlich die Rentner damals auch früher ausreisen lassen, weil sie nicht genug Särge hatten!

Zum Tod haben die ja sowieso ein merkwürdiges Verhältnis: Im ganzen Osten war das so schlimm. Bis heute. In

Rußland regiert jetzt die Mafia. Mord und Totschlag. Da kann man sich seines Lebens nicht mehr sicher sein. Ein Menschenleben zählt dort nichts. Auf der andern Seite kann man das natürlich verstehen, so schlecht wie es ihnen heute geht. Es gibt ja ein altes russisches Sprichwort: »Wenn die Frau vom Wagen gefallen ist, hat es die Stute leichter zu ziehen!«

Ein interessantes Sprichwort. Ich muß zugeben, ich mußte schon ziemlich lachen, als ich das zum ersten Mal gehört habe, denn hier, wenn Sie genau hingehört haben, ist die Frau quasi eine Last. Andererseits kann ich die Frauen beruhigen, denn die Stute ist ja quasi auch eine Frau. Da fällt also die Frau als Last vom Wagen, damit die Frau vor dem Wagen weniger Belastung hat. Insofern ist das im Grunde ein frauenfreundliches Sprichwort.

Im Gegenteil. Was ist denn eigentlich mit dem Mann? Der sitzt die ganze Zeit oben auf dem Kutschbock, alles geht an ihm vorbei! Wie sieht das denn aus! Was ist das denn für ein Bild! Das ist ja geradezu ein männerfeindliches Sprichwort.

Überhaupt, wenn wir schon vom Sozialismus reden: Der Willi Brandt, der ist ja seinerzeit nicht verbrannt, sondern normal beigesetzt worden. Ich komme nur darauf, weil wir gerade bei den Frauen waren, also wegen seiner Witwe, der Seebacher-Brandt. Viele in der SPD haben ja bedauert – der Brandt hatte ja damals viel mit der Nord-Süd-Kommission zu tun gehabt –, daß die Nord-Süd-Kommission nicht die Beerdigung ausgerichtet hat. Und zwar in Kalkutta! Dort werden die Witwen ja immer gleich mitverbrannt. Dann hätte die SPD heute nicht den Ärger mit dem Archiv, die Urne wäre direkt in die Friedrich-Ebert-Stiftung gekommen, und die Seebacher hätte keinen Anspruch darauf mehr anmelden können. Sie wäre ja selbst mit drin gewesen. So wäre zusammengekommen, was zusammengehört! Genauso, wie es der Brandt auch einmal formuliert hat.

Die Geschichte ist nicht von mir, ich habe es nur vom Hörensagen. Aus der SPD. Obwohl, sie könnte von mir sein.

Ihr Hinweis auf die SPD hat historische Substanz, Herr Litzmann. Denn tatsächlich sind Begräbnis und Tod auch immer zentrale Themen sozialdemokratischer Agitation und Fürsorge gewesen. Zumindest hier im Rheinland.

Im 19. Jahrhundert starben die Menschen in der Regel und in der Masse zu Hause. Zu Hause hieß aber für viele Proletarier in engsten Wohn- und Lebensverhältnissen. Und starb zum Beispiel jemand an Cholera oder Lungenentzündung, blieb er trotzdem nach alter Tradition für drei Tage aufgebahrt. Das Sterbezimmer war gleichzeitig die Küche oder das Kinderzimmer, dann kamen die Nachbarn, und die mußten bewirtet werden. Da kann man sich lebhaft vorstellen, wie das zuging: Es war eng, unwürdig und überdies teuer, und viele Arme verschuldeten sich.

Die Leichenzüge gingen vom Sterbehaus zum Friedhof. Der Transport war bis 1917 in der Hand der Kirche, die hohe Gebühren kassierte, dafür aber auch sechs verschiedene Leichenzüge anbot. Die katholische Preisliste hatte 33

Positionen für Leistungen, die man à la carte bestellen konnte: Neben dem Pfarrer standen Ministranten, Kaplan, Küster, Sänger, Organist, Chorisocii, Alexianerbrüder, Kreuzträger, Chorale und Unterküster bereit. Zu den geistlichen Handlungen des Priesters kamen wahlfrei die Vigilien oder das Singen des Hochamtes. Sterbehaus und Kirche konnten mit Kreuzen, Leuchtern, Rauchfaß, Bahre, Tumba und Tüchern versehen werden. Für das Läuten der Glocken einer der 19 Pfarrkirchen gab es einen eigenen Tarif, je nach kleinem, mittleren oder großem Geläut.

Der Dom übrigens war außertariflich nur für Prominente reserviert. Das ist heute noch so. Zuletzt wurden hier Konrad Adenauer oder Josef Kardinal Frings aufgebahrt, aber auch der frühere Trainer des 1. FC Köln, Hennes Weisweiler.

Gegen das Klassensterben opponierten die Sozialdemokraten mit der Forderung: eine Trauerhalle auf jedem Friedhof. Hier sollte jeder Tote aufgebahrt werden und der Leichenzug nur noch von der Trauerhalle zum Grab erfolgen. Tatsächlich wurde auch 1917 die Klassenbeerdigung gesetzlich abgeschafft und der kirchliche Leichentransport verstaatlicht. Alles nach dem Motto: Alle Menschen sind gleich, vor allem als Tote!

1917 ist auch das Jahr der Eröffnung des größten Kölner Friedhofs, des Westfriedhofs. Hier wurden alle Reformvorschläge realisiert: Leichenhalle, Wiederbelebungszimmer, Aufenthaltsräume fürs Personal, Toiletten für die Besucher und auch ein Krematorium. Dabei hatte bereits im Jahre 1900 der Kölner Oberlandesgerichtsrat Roth-

GLEICHHEIT AUF DEM FRIEDHOF

Tschechische Republik:

ZWEI OSTEUROPÄISCHE STÄDTE HABEN SICH FÜR TABO INEX ENTSCHIEDEN

Auch in den osteuropäischen Ländern entscheiden sich immer mehr Städte für eine umweltfreundliche, energiesparende und effiziente Feuerbestattung. Die tschechischen Städte Ostrava und Prag haben ihre Krematorien den neuesten Anforderungen entsprechend umgebaut. Diese neuen Krematorien arbeiten inzwischen im 24-Stunden-Betrieb an 7 Wochentagen.

Neue Märkte für die Bestatter: Seit der »Eiserne Vorhang« gefallen ist, ist man im Osten organisatorisch voll auf der Höhe.

schild der Stadt 100.000 Mark für den Bau eines Krematoriums vererbt. Der Stadtrat nahm das Geld dankend an und – tat erst mal nichts. Die führende Zentrumspartei war sowieso aus katholisch-religiösen Gründen gegen ein Krematorium. Zehn Jahre später war immer noch nichts passiert und man entschied, erst einmal Baupläne machen zu lassen. Weitere zehn Jahre später beschloß der Stadtrat den Bau, aber nicht den Betrieb. Und es dauerte insgesamt 37 Jahre, bis im Jahre 1937, nachdem die Nationalsozialisten die Macht im Kölner Rathaus übernommen hatten, das erste rheinische Krematorium eröffnet wurde. Und es ist übrigens das einzige im Rheinland geblieben. Die nächsten sind in Wuppertal und in Essen und die Bestatter in der Eifel z.B. weichen mit ihren Leichen schon mal nach Holland aus, um sie dort kremieren zu lassen. Das geht schneller und ist unbürokratischer.

So sind Tod und Begräbnis immer wieder Themen der Politik. Das jüngste Problem sind die sogenannten Liegezeiten. Dieses denkwürdige Wort meint den Zeitraum, in dem eine Leiche verfallen, vermodert, zu einem Teil der Natur geworden ist. Bis auf die Knochen natürlich. Auf den rheinischen Friedhöfen beträgt die Liegezeit in der Regel zwanzig Jahre und die Tendenz ist, sie zu verkürzen. Es gibt es ja immer weniger Friedhofsflächen. Oft sind bei den Eingemeindungen die kleinen Ortsfriedhöfe stillgelegt worden und in den Innenstädten sind Grund und Boden knapp und teuer. So verfallen die Kommunen und Friedhofsträger auf die Idee, die Liegezeiten zu verkürzen, um immer schneller neue Tote auf den alten Grabflächen beizusetzen. Das hat allerdings natürliche Grenzen, z.B. bei Lehmböden. Die Leichen brauchen einfach länger, bis sie in diesen Böden zu Erde geworden sind. Dagegen gibt es als neueste Erfindung auf dem Markt die »Turbogräber«. Das sind Betonkästen, die in die ausgehobene Grube eingelassen werden und seitliche Lüftungschlitze in mehreren Etagen besitzen. Hier kann der Sauerstoff zirkulieren und den Verwesungsprozeß beschleunigen. In Köln hat die Stadtverwaltung probeweise solche Turbogräber auf dem Südfriedhof installiert. Die Hoffnung ist, die Liegezeiten demnächst auf 15 Jahre zu verkürzen und damit den Leichenumschlag auf den Friedhöfen um 25 % zu steigern.

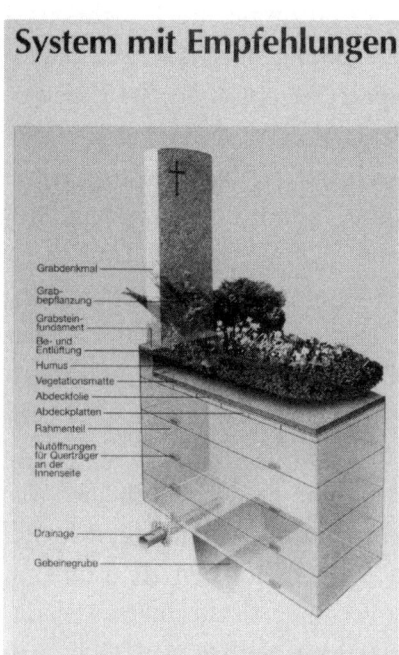

System mit Empfehlungen

Diese neue Form der Erdbestattung bietet nach Gutachten von Kirchen, Kommunen und Behörden folgende Vorteile:

- Integriertes Grabstein-Sockelfundament
- Sofortige Bepflanzungsmöglichkeit
- Keine Senkung im Grab- und Wegebereich
- Platzersparnis bei Doppel- und Reihengräbern

Bei Zweitbelegung:
- Kein Erdaushub
- Kein Grabsteinabbau
- Wiederverwendung der Bepflanzung

Perfekt, praktisch, pietätvoll: Ein modernes Turbograb – das Grabkammersystem für heldenlose Zeiten.

VI.

EINE SPUR IN DER GESCHICHTE

Das klingt jetzt aber nicht schön! Wenn ich mir vorstelle, daß dann nach 10, 15 Jahren schon wieder der nächste auf mir draufliegt. Und vor allem ist man dann ja nach 15 Jahren vergessen! Da hat man sich sein Leben lang abgerackert. Vor allem für einen Helden ist das doch traurig. Gut, so richtige Helden haben wir ja sowieso nie gehabt. Ich meine, es kann ja auch ganz praktisch sein, schnell vergessen zu werden. Ich weiß sowieso nicht, warum so viele nicht in Vergessenheit geraten wollen!

Nach dem Krieg war ich doch auch froh, daß wir alles schnell vergessen konnten. Anders hätten wir doch gar nicht wieder aufbauen können. Man muß doch einmal vergessen können. Gras darüber wachsen lassen. Sagt man ja auch.

Wir Rheinländer haben doch eine alte Tradition: Wir machen die eine oder andere Dummheit, gehen zur Beichte, dann ist alles vergeben und vergessen, und anschließend können wir dieselben Dummheiten in Ruhe noch einmal machen. Das ist doch wunderbar. Gut, bei den Protestanten ist das anders, das tut mir leid. Die werden das ganze Leben lang die Last nicht mehr los! Wie drüben, die Preußen, das sind ja fast alles Protestanten, diese ganzen Stasi-Geschichten werden die nicht mehr los. Tragisch. Mein Gott, sie sollten mal nach Bonn gucken. Der Lambsdorff zum Beispiel hat schließlich auch bei uns gelernt, und am Ende auch gut vergessen können. Wir haben ihnen das doch immer vorgelebt:

Amnesie ist der erste Schritt zur Amnestie.

Auf der anderen Seite haben wir natürlich auch in Bonn

immer schon Persönlichkeiten von Rang gehabt, die man nicht vergessen sollte. So ist das nicht! Der ... jetzt habe ich es schon wieder vergessen, wie heißt er noch ..., der Lübke z.B., das war doch auch ... was war er noch? Jetzt habe ich es vergessen. Ach so, ja, der hat doch auch, der ... der hat auch alles vergessen. Oder der andere Präsident, der KZ-Baumeister ... nee, das war der Lübke!

Was hatten wir noch? Den Heuss. Der hat doch auch ... Gut, der hat dem Ermächtigungsgesetz zugestimmt, kein gutes Beispiel ... Was hatten wir noch ...? Der Carstens, ... war bei der SA. Das sind doch alles Beispiele ... Vielleicht ist es doch ganz gut, daß die alle nicht bei uns im Rheinland begraben sind, damit man sie schneller vergessen kann.

Carstens'
~~*Lübkes*~~
~~*Heuss'*~~ *Bestattung: »Aber der Stoff war doch noch gut!«*

Es sei denn, wir hätten damals schon die Turbogräber gehabt. Dann hätten sie auch bei uns begraben werden können.

Bloß beim Strauß hätte auch ein Turbograb nicht geholfen, denn das war ein Schlitzohr. Der Strauß hat, damit er nie vergessen wird, aus seinem Todestag einen Nationalfeiertag gemacht: den 3. Oktober! Eine Frechheit!

Das ist zwar korrekt, Herr Litzmann, daß der 3. Oktober auch der Todestag von Franz Josef Strauß ist, aber die beiden Daten haben miteinander überhaupt nichts zu tun. Der Grund für den Nationalfeiertag liegt im Rheinland. Ich kann Ihnen das erklären.

Man muß sich zurückerinnern an 1990, das Jahr der Wiedervereinigung. Im Frühjahr wurde über das Anschlußdatum der neuen Bundesländer beraten. Klar war, es mußte vor dem 7. Oktober sein, dem Gründungstag der DDR, denn ansonsten hätte man noch einen 41. Geburtstag feiern können oder müssen, und das sollte auf gar keinen Fall sein. Der 6. Oktober, das nächstmögliche Datum, war ein Samstag, der 5. ein Freitag und der 4. ein Donnerstag. Diese Tagen entfielen sämtlich, weil zu befürchten war, die Bundesbürger hätten den neuen Feiertag nur als Anlaß für einen Kurzurlaub genutzt, das kannte man ja aus dem jahrelangen Umgang mit dem 17. Juni und dem 1. Mai.

Also blieb eigentlich nur noch der 3. Oktober übrig. Und gerade an diesem Tag wird hier im Rheinland an zwei Heilige erinnert, die in Köln liegen: die Gebrüder Ewaldi. Deren Reliquien werden in St. Kunibert in einem goldenen

Sarg hinter dem Altar aufbewahrt. Der schwarze und der weiße Ewald liegen gemeinsam in einem Sarg. Manche haben auch schon vermutet, sie waren schwul. Aber sie sind nur zusammen erschlagen worden und zwar an einem 3. Oktober. Das passierte im 7. Jahrhundert und zwar in Dortmund-Applerbeck, vom Rheinland aus gesehen ganz weit im Osten, im feindlichen Sachsenland. Die beiden Ewaldis waren fränkische Missionare, die die Eroberungszüge im Osten sozusagen als Militärseelsorger begleiteten. Solche Kleriker waren immer dabei, und sie waren alles andere als friedliche Prediger, denn sie sollten das, was die Militärs praktisch eroberten, ideologisch komplettieren durch Taufen und kulturelle Unterwerfung. Sie waren so etwas wie die Propagandisten der Ostausdehnung und damit die idealen Schutzpatrone der Wiedervereinigung.

Fritz Litzmann hat sich in einem unbeobachteten Moment neugierig dem Sarg genähert und tastet ihn vorsichtig ab; plötzlich wird es still, er fühlt sich ertappt, wendet sich an den Bestatter.

Oh, entschuldigen Sie, Herr Roth, darf ich mal ausprobieren?

Klettert umständlich in den Sarg

Och, ist eigentlich ganz gemütlich. Obwohl, sagen Sie mal, Herr Roth, kann ich noch ein zweites Kopfkissen haben?
  Deutschland in einem Sarg, das ist aber kein schönes

ORGAN UND SEELE

»Muß der Deckel drauf?« – Fritz Litzmann sorgt sich um den Verbleib seiner Seele.

Bild, Herr Stankowski. Vor allem, wenn ich mir vorstelle, zwei nebeneinander. Das ist doch etwas eng. Obwohl es natürlich billiger ist. Sagen wir mal für Ehepaare. Aber da müßte man ja zur gleichen Zeit sterben, und wenn nicht, dann ist das vielleicht doch nicht so schön – gut, kommt darauf an, wer zuerst stirbt.

Muß der Deckel drauf? Ist vielleicht doch besser, ich wollte mir ja ein Foto vom Verein reinkleben. Aber vielleicht kann man ja ein paar Löcher reinmachen, man weiß ja nie, wegen der Luft. Und daß die Seele auch wirklich rauskommt! – Wie ist das eigentlich mit der Seele, wenn die aufsteigt, hat die denn dort oben auch wirklich Platz? Ich meine, womöglich ist dort oben alles schon voll?! Hier unten ist doch auch schon alles überbevölkert, wie muß es dann erst da oben aussehen? Bei den Menschenmassen, die im Moment sterben, die Kriege, der Hunger, die ganzen Epidemien. Furchtbar. Aber soviel können in Indien gar nicht vor Hunger sterben, wie sie dort wieder nachwachsen. Da muß man doch etwas unternehmen!

Allerdings weiß ich nicht, ob das richtig ist, wenn der Papst sagt, man soll nur ohne – Kondom! Das muß ich hier auch mal sagen. – Gut, vielleicht macht es ihm ohne mehr Spaß. Aber, ob das dem Inder hilft?

Andererseits ist es ja gegen die Natur – mit Gummi. Und die Natur, ich weiß nicht, ob ihr das wißt, die Natur ist ja ein Riesenkreislauf. Und es ist ja nicht gut, wenn man in diesen Kreislauf der Natur eingreift.

Dafür muß der Inder doch Verständnis haben. Der hat ja auch diesen Kreislauf, von der Religion her. Die haben ja die Wiedergeburt, die Seelenwanderung. Der Inder stirbt und kommt gleich wieder zurück in den Kreislauf des Lebens hinein, wie ein großes Recycling. Ist das nicht schön? Der Buddhismus ist quasi eine ökologische Religion. Da ist ein Kommen und Gehen!

Nur, warum werden es dann immer mehr in Indien? Das ist mir nicht klar. Das ist doch ein Kreislauf. Wenn in einem Kreislauf etwas immer mehr wird, muß woanders etwas weniger werden. Die werden ja häufig als Frösche oder Tiger wiedergeboren. Mit anderen Worten: Wenn es heute immer mehr Inder gibt, muß es auch immer weniger Frösche und Tiger geben. Und so ist es ja auch! Der Tiger ist doch fast ausgestorben. Ja, dann soll der Inder doch mal mehr auf den Naturschutz aufpassen, daß die Tiere nicht alle aussterben, dann käme er nicht mehr als hungernder Inder auf die Welt!

Aber auch wir haben womöglich eine Mitverantwortung, denn wenn hier jetzt eine Mücke rumfliegt, und du zerdetschst sie, dann kommt sie womöglich als hungernder Inder wieder zurück, dann bist auch du mitschuldig am Elend dieser Welt. Woher weißt du denn, daß sie keine Hinduseele hat!?

Wie ist das eigentlich bei uns? Wo sitzt denn bei uns die Seele? Im Herz? Man sagt doch: Ich habe mir was zu Herzen genommen! Oder: Es ist mir auf den Magen geschlagen. Im Magen? Oder: Es ist mir zu Kopf gestiegen ... – gut, das ist bei mir meistens das Kölsch! Aber man sagt ja auch: Da ist mir eine Laus über die Leber gelaufen. Vielleicht also in der Leber?

Ich komme nur darauf wegen der vielen Organverpflanzungen im Moment.

Obwohl ich es eigentlich sehr schön finde, daß die Organe auch wieder eingeführt werden in den Kreislauf des Lebens hinein. Allein schon die Vorstellung, wenn ich einmal nicht mehr bin, daß noch ein anderer Spaß an meiner Leber hat. Und den hat er wirklich, denn meine Leber ist ganz schön strapazierfähig, und es wäre schade, wenn die verkommen würde. Aber, wenn ich mir vorstelle, daß ich mit meiner Leber womöglich meine Seele mit weggebe.

ORGAN UND SEELE

Das Duale System

Vor allem, man weiß ja nicht, wer sie kriegt. Sagen wir mal ein Westfale! Ich weiß nicht, ob meiner Seele das gefallen würde, das wär' doch eine Qual, das wäre doch das Fegefeuer! Außerdem hätte das ja für ihn auch gar keinen Sinn, denn die Leber würde ja sofort abgestoßen.

Trotzdem, es ist schon schön, daß sogar ein Unfall einen

ORGAN UND SEELE

Bergpredigt. Markus: Die Speisung der Fünftausend, Kap. 5, Vers 16 (vgl. MEW 18, S. 24).

ORGAN UND SEELE

Sinn hat, daß mit den Lebern wieder neue Menschenleben gerettet werden und – ach so, da fallen mir die Grünen ein. Wegen dem Tempolimit! Denn wenn die das Tempolimit durchsetzen, dann fallen doch gar keine neuen Lebern an. Die sind doch so für das Recycling! Mit dem Tempolimit greifen die in diesen Kreislauf ein. Das Tempolimit ist doch quasi das Kondom des Organkreislaufs. Da wird neues Leben verhindert. Und was passiert? Es entsteht eine Bedarfslücke. Und wer stößt in diese Lücke hinein?

Der Inder!

Im Moment drängt ja der Inder mit seinen Organen auf den Markt.

Nicht nur er. Überhaupt aus den ganzen Hunger- und Katastrophengebieten werden wir mit Lebern überschwemmt. Und was ist die Folge?

Jetzt haben wir gerade den ganzen Völkerwanderungen an unseren Grenzen Einhalt geboten, da beginnt die große Seelenwanderung. Die dringen doch mit ihren Organen in unsere Körper ein! Sollen wir denn enden wie der Inder? Sollen wir in den indischen Kreislauf einsteigen? Aber dann kommt meine Seele ja wieder zurück. Aber wie komme ich dann in den Himmel? – Herr Stankowski, holen Sie mich da raus!

Beruhigen Sie sich, Herr Litzmann, regen Sie sich nicht auf! Die Frage der Organe spielt ohnehin eine immer geringere Rolle, es fallen ja immer weniger an. In Norddeutschland werden inzwischen fast dreiviertel aller Leichen kremiert, das heißt verbrannt. Da rauchen die Krematorien.

Hier im Rheinland sehen die Zahlen zwar noch anders aus, bisher lassen sich erst 20 % aller Toten verbrennen. Aber auch hier ist die Tendenz steigend, es gibt gute Zuwachszahlen.

Und noch etwas: Die anonymen Bestattungen nehmen zu, und das ist eigentlich erstaunlich in einer Region mit prägender katholischer Mentalität. Die großen Friedhöfe haben heute alle Grabplätze oder Urnenfelder, die äußerlich gar nicht mehr als Gräber zu erkennen sind. Grüne Wiesen, vielleicht ein Baum, ein paar Blumen, aber keine Tafel, kein Grabstein, kein Name und keine Erinnerung. Wenn man Menschen fragt, die sich in ihrem Testament für die anonyme Bestattung entschieden haben, dann hört man immer zwei Argumente: Sie wollen erstens keine Last für die Angehörigen und Nachkommen sein, sofern sie noch welche haben, und sie befürchten zweitens, daß niemand ihr Grab pflegt. Beides ist aber Ausdruck der Angst, in Vergessenheit zu geraten. Da wollen sie lieber gleich anonym bleiben.

Damit sind die historischen Ausführungen zu Grab, Friedhof und Bestattung in der Gegenwart angelangt und es dürfte deutlich geworden sein, daß aller Fortschritt, alle Anstöße zum Thema von außen, eigentlich von Fremden, gekommen sind: von den Römern, von den Franzosen und zuletzt von den Sozialdemokraten. Und überdies ist wohl klar, daß im Rheinland irgendwie alles mit dem Tod zusammenhängt. Ob das die Vororte in der römischen, die Veedel und die Stadtentwicklung in der fränkischen Zeit sind, ob Handel, Handwerk und Tourismus im Mittelalter,

Hygiene und die Idee der Gleichheit der Toten im 19. Jahrhundert, der Tod ist das prägende Thema.

Das läßt sich bis in die aktuellen Debatten verfolgen. Wenn heutzutage ein berühmter Mäzen, wie z.B. der Aachener Süßwarenfabrikant und Sammler Peter Ludwig, einer Stadt wie Köln ein Geschenk macht und ein neues Museum gebaut werden muß, dann gibt es lange Debatten, wo das Haus hinkommen soll. Aber seltener wird gefragt, was da eigentlich drin ist. Beispielsweise beim altehrwürdigen Wallraff-Richartz-Museum, eine der ältesten Bildersammlungen des Rheinlands.

Ferdinand Franz Wallraff, der Gründer und Stifter dieser Sammlung, war Rektor der letzten Kölner Universität und Domherr, aber arbeitslos, nachdem die Franzosen die Universität geschlossen und die Kirche im Rheinland enteignet hatten. Er wurde Sammler und dies im großen Stil. Er sammelte, was an Bildern, Altären, Reliquiaren, Steinen, Denkmälern aus den Kirchen und Klöstern herausflog. Aus den vormaligen Kultgegenständen wurden damit Kunstobjekte. Wallraff trug fast 60.000 Stücke zusammen, seine Sammlung bildete die Basis für alle städtischen Museen in Köln.

Johann-Heinrich Richartz lebte etwas später, war internationaler Fellgroßhändler und Importeur von Wildfellen und machte sein Geld bei der Ausbeutung Lateinamerikas, also im Kolonialhandel. Im Alter war er zwar einer der reichsten Männer des Rheinlands, aber er hatte keine Nachkommen und Angst, keine Spur in der Geschichte zu hinterlassen.

MAUSOLEUM UND MUSEUM

Aufgerufen ist ein rheinischer Schokofabrikant. Ich bitte um ihre Angebote!

Das ist bei allen Sponsoren, Mäzenen und Stiftern so, ganz gleich ob sie Hans Imhoff oder Peter Ludwig heißen, sie haben Angst davor, in Vergessenheit zu geraten. Wobei es, nebenbei bemerkt, auch kein Zufall ist im katholischen und damit der süßen Sünde verpflichteten Rheinland, daß zahlreiche Mäzene aus der Süßwarenbranche stammen: Imhoff als Schokonapoleon und Stollwerckliquidator, Ludwig eingeheiratet in die Süßwarendynastie Monheim in Aachen. Joest, auf dessen Geld die Völkerkundesammlung des Kölner Rautenstrauch-Joest-Museums zurückgeht, war rheinischer Zuckerbaron, wie auch der Bonner Alexander König, dessen Name die Zoologische Sammlung König trägt, und selbst Hammerschmidt, in dessen Domizil heutzutage der Bundespräsident in Bonn residiert, hat sein Geld mit Süßwaren gemacht. Aber das wäre ein neues, wenn auch lohnendes Thema: das süße Rheinland!

Dazu kommt noch, daß sie als Reiche auch immer ein schlechtes Gewissen haben, sie wissen ja, wo das Geld herkommt. Da hat sich seit den Tagen der mittelalterlichen Kaufleute und Stifter nichts geändert. Eines ist allerdings heute anders: Sie spenden keine Bilder, Altäre und Prozessionen mehr, sondern das moderne Seelgerät, das sind Objekte, Vernissagen und Kataloge. Statt Kirchen baut man Museen. Und da ist es nur konsequent, wenn der moderne Mensch sonntags nicht mehr in die Kirche geht, sondern ins Museum. Und wenn man sich dieses Seelgerät anschaut und sich bückt und das Kleingedruckte liest unter den Bildern, dann findet man z.B. immer wieder »Sammlung Peter und Irene Ludwig«. Sie haben damit ihre Spur in der Geschichte hinterlassen, und auch wenn sie längst tot sind, wird man in Jahrhunderten noch ihren Namen nennen und damit etwas für ihren Seelenfrieden tun.

Und damit schließt sich der historische Bogen, und ich kehre zu den Römern zurück. Auch sie haben ihre Mausoleen gebaut, um nicht in Vergessenheit zu geraten. Allerdings außerhalb der Städte, draußen vor den Toren. Das ist der einzige Unterschied, denn heute stehen die Museen mittendrin.

Applaus brandet auf.
Gleichzeitig aufkeimende Unruhe, als sich Dr. Stankowski hinsetzt.
Zwischenrufe: »Ist jetzt Schluß? – Wo bleibt der Leichenschmaus? – Fritz! Sag' was!«

VII.

DER LETZTE TOP: VERSCHIEDENE(S)

Der Alterspräsident klingelt energisch mit der Glocke.
Zwischenruf: » Wo bleibt das Kölsch?«

Ich bitte um Ruhe!
Vielen Dank, Herr Stankowski. Entschuldigen Sie bitte die Unruhe. Die Luft ist doch etwas trocken hier im Krematorium.

Erlauben Sie mir also jetzt zu meiner Schlußbemerkung zu kommen: Voltaire, – was wollt der? Der Voltaire war ja ein aufgeklärter Mann, d.h. ihm stand das ganze Brimborium der Kirche fern. Im katholischen Rheinland ist er nicht lang geblieben, sondern gleich weitergefahren zu den Preußen, zum Alten Fritz. Aber so ganz ohne Folgen scheint die kurze rheinische Erfahrung doch nicht gewesen zu sein, denn als es ans Sterben ging, soll er gesagt haben: »Gott, wenn es einen gibt, sei meiner Seele gnädig – falls ich eine habe!« Mit anderen Worten, Aufklärung ja, aber man kann nie wissen! Blasphemie ja, aber nur so, daß man es sich mit Gott und seiner möglichen Zukunft oben nicht verdirbt.

Epikur, ein alter Grieche ohne Rheinlanderfahrung, hat einmal gesagt: »Solange wir existieren, ist der Tod nicht da, wenn der Tod da ist, existieren wir nicht mehr.« Also entweder »Er« oder »Wir«.

Das ist dem Rheinländer immer schon obskur vorgekommen, denn so wenig es bei uns ein klares »Ja« oder »Nein« gibt, so wenig kann es ein »Entweder – Oder« geben. Letzten Endes sind wir noch mit allen ausgekommen. Warum nicht auch mit dem Tod?!

VERSCHIEDENE(S)

Warum soll denn auch alles ein Ende haben? Karneval ist zwar am Aschermittwoch zu Ende, aber ein paar Tage später beginnen doch schon wieder die Vorbereitungen für die nächste Session.

So übt sich der Rheinländer mit dem Empfang des Aschekreuzes während seines ganzen Lebens ein, in der Hoffnung, daß auch der Tod nichts anderes sei als der Beginn einer herrlichen neuen Session.

Die Sprache, sagt man, ist mit dem Leben zu Ende. Klar, wenn man tot ist, kann man nicht mehr sprechen. Mit dem Tod hört die Sprache also auf. Aber nur im Prinzip. Nicht im Rheinland. Im Rheinland überschreitet die Sprache die Grenze des Todes.

Wozu gibt es das Testament, die letzten Worte, mit denen man noch nach seinem Tode den einen oder anderen zur Weißglut bringen kann!

Jedes Jahr wird auch ein und dieselbe Büttenrede wieder neu aufgelegt.

Mit anderen Worten: Der Rheinländer als solcher akzeptiert den Tod nicht! Das ordentliche Vereinsmitglied, und das ist der Rheinländer in der Regel, stirbt in dem Sinne nicht, sondern es ändert nur seinen Vereinsstatus, die Mitgliedsbeiträge sind nach wie vor fällig! Erst wenn die nicht mehr gezahlt werden, ist es für den Verein gestorben!

Aus gegebenem Anlaß möchte ich deshalb hier den Tagesordnungspunkt 13 anfügen: die Anmahnung der ausstehenden Beiträge!

Und so wollen wir wie in jeder Vereinssitzung schließen mit dem Tagesordnungspunkt 14: die Begrüßung der Verstorbenen!

Laßt uns am Ende den Hennes und auch all die vielen anderen alten Kameraden dort oben grüßen mit den Worten:

> Bestimmt habt ihr jetzt Spaß da oben,
> könnt herrlich mit den Engeln toben,
> vielleicht macht auch Maria mit,
> mit einem Tanzmariechenschritt!

VERSCHIEDENE(S)

Allgemeine Fröhlichkeit, da an dieser Stelle das langersehnte Faß Kölsch hereingetragen wird. Trotz anhaltenden Läutens seitens des Alterspräsidenten Litzmann kann die Sitzung nicht mehr in ordnungsgemäßem Zustand geschlossen werden.

Bombenstimmung!

Ende des offiziellen Sitzungsteils ca. gegen 21.45 Uhr. Der genaue Zeitpunkt war später nicht mehr zu ermitteln, ein Uhrenvergleich kam nicht zustande.

FLÖNZ ZWISCHEN HIMMEL UND ÄD
Letzte Worte von Carmen Thomas

»Im Krematorium Kabarett?« denke ich auf dem Weg zur Vorstellung in der Antoniter-Kirche. Schade und gut zugleich, daß ich von dem Termin nicht vorher gewußt habe. Einerseits hätte mich das interessiert, wie dieser Tabubruch die Akteure verändert, wie das Publikum reagiert, wie ich reagiere. Schließlich bin ich noch beklommen von der letzten Totenfeier in diesem Raum. Ein Mensch, der mir nahe stand. Ich finde sie gräßlich, diese Halle. Sie bietet meiner Trauer keinen angemessenen Rahmen. Ich habe immer Wut, wenn sich am Schluß der Boden auftut und der Sarg wie im Kino lautlos verschwindet, per Knopfdruck, elektrisch. Nie verläßt mich die Phantasie, daß der Kasten leer ist. Ich möchte die Person immer noch einmal sehen, um mich richtig zu verabschieden. Und ich war mal unten, am Ofen. Seitdem will ich nicht mehr verbrannt werden.

Wir nähern uns der Schildergasse, wo die Kirche steht. »Was ist wohl der Unterschied: die Vorstellung beim Bestatter Roth, im Krematorium und jetzt gleich im Gotteshaus«, überlege ich. Wie groß der Einfluß der Umgebung auf den Ablauf eines Geschehens ist, habe ich doch in so vielen Sendungen und Veranstaltungen immer wieder hautnah erfahren. Bei dem Bestatter, da hätte ich ja auch gerne zugeschaut. Auch um sein Institut mal zu sehen. Er soll den Zug der Zeit erkannt haben und sich etwas trauen beim Trauern – schon in der Raumgestaltung. Hotel-artig soll das sein. – »Hm – Kabarett in einer Kirche? Wie find ich das denn? Und dann noch über den Tod? Zwei Tabu-Brüche auf einmal. Auch komisch. Satire und Kirche. Ich kann Kirchen als Kunstwerk bestaunen. Aber innen fühl ich mich immer fremd. Kalt sind sie mir. Ein Klima der Strenge – so, daß wenn jemand laut lacht, er oder sie sich bereits daneben benimmt. Obwohl – die von der Antoniter-Kirche tun ja viele ungewöhnliche Dinge: flotte Musik und Laienpredigten etc.

Allerdings bin ich bei solchen Aktionen auch zwiegespalten. Auf der einen Seite sind Kirchen doch als Häuser für den lieben Gott gedacht. Dafür sind in der Raum-Gestaltung und -Nutzung Distanz und Grenzen wichtig und glaubwürdig, z.B. in der Kleidung, in der Art zu reden, sich zu bewegen, bestimmte Bereiche nicht selbstverständlich betreten zu dürfen. Und auch die Stille.

Andererseits zeigt die Leere in so vielen Kirchen, daß offenbar immer mehr Menschen diese Form von Einkehr und Besinnung, aber auch von Autorität und Einschränkung nicht mehr recht ist.

Da ich das Autoritär-Unfröhliche von klein auf mitbekommen habe, irritieren mich deshalb jetzt auch die Wäscheleine über dem Altar für die historischen Repros, die später die Veranstaltung bebildern, als ich mich endlich mit der Schlange in die Kirche geschoben habe. »Darf-man-das-Gefühle« beschleichen mich, als ich den Sarg auf den Altarstufen, die Lautsprecher-Boxen an den Säulen, das Scheinwerferlicht sehe, das den Altar zur Bühne umfunktioniert. »Ob das nicht fromme Christ-inn-en verletzen würde?« denkt ein Teil meiner Seele. Der Journalistin in mir macht der Bruch der Tabus natürlich auch Freude, Motto: »Na, endlich Leben in der Bude«.

Rappelvoll ist sie tatsächlich, die Kirche. Die Karten lange ausverkauft. Wir bekommen keinen besonders günstigen Platz. Kirche ist gar nicht richtig zum Zugucken eingerichtet, fällt mir auf. Hälse-recken wird nötig für alles, was nicht Kanzel oder Altar-Ober-Kante ist. Ich bin gespannt und versuche in den Gesichtern um mich herum zu lesen. Aufgekratzt wirken viele Menschen. Es ist ziemlich laut. Viele schauen sich um und mustern einander. Ein gemischtes Publikum. Wenige sehen nach klassischen Kirchenbesucher-inne-n aus (Sie wissen schon, was ich meine), andere mehr nach Student-inn-en, Südstadt-Szene, – intellektuelle, alters-gemischt. Doch – der Ort verschärft meine Ambivalenz. Ich erinnere mich, wie das früher für mich war, bevor ich begann, mich mit dem Verdrängen des Todes, mit den Riten, den Wissenslücken im Umgang mit den Leichen zu beschäftigen: zwanzig Jahre, 34 Sendungen und ein dickes Buch lang, das ich im Winter zu dem Thema schrieb. Das hat mich verändert. Ganz gravierend verändert. Wie geht es den anderen um mich herum? Ob es für sie auch etwas Magisches hat, das ich früher oft empfand? Motto: Sterbe ich, wenn ich mich damit beschäftige? Ich meine, bald. Heute bin ich reifer, gelassener – obwohl, ist da noch ein kleiner Rest? Z.B. heute, wenn ich mir vorstelle, selbst in dem Sarg neben dem Altar probezuliegen. Das werden sie ja sicher machen – diese Kabarettisten. Die schrecken ja vor nichts zurück. Wann sie bloß anfangen?

Die Bänke sind so hart, und es ist schon über die Zeit.

Martin Stankowski kenne ich flüchtig von wenigen privaten Treffen. Wir haben uns noch nie richtig miteinander unterhalten. Rainer Pause war mir nur ein Begriff durch unsere Sendung »Funkhaus Wallraf-Platz«, bei der er an einem Sonntag vorgestellt wurde. Da hat er mir gut gefallen. Aber ich weiß nicht, wie er aussieht.

Herrlich, als er reinkommt: Kletschfrisur, Marke Tinten-Pisser, tragisch-dicke Brillengläser, die seine Augengröße verdreifachen. Ein Gesicht, das sonst vor allem aus Mund und mehr Zähnen, als Normal-Menschen haben, zu bestehen scheint. Ein schlotternder, schwarzer Anzug mit Weste und weißem, etwas knüddeligem Hemd. Riesige Hände, die den beim Sprechen zuckenden Körper wichtigtuerisch-ausladend unterstützen. Ich liebe das: die Bosheit in Gestalt des Spießers, das Rheinisch-Breitärschige, das Salbadern, der Opportunismus: »Stets nach allen Seiten offen«. Eine wunderbare Möglichkeit, dieses schwierige Thema den Menschen näher zu bringen, sie in Gestalt von Herrn Litzmann derart rechts zu überholen, daß sich manche gelegentlich von eigenen, überprüfungswürdigen Gedanken und Gefühlen abwenden können und müssen.

Wenn Herr Litzmann scheinbar besonders dämliches Zeug schwafelt, fällt mir jedes Mal die »Reaktanz« ein, dieser Begriff aus der Kommunikations-Wissenschaft, der in der Elektro-Technik »Blindwiderstand« bedeutet, und das Phänomen beschreibt, das sich einstellt, wenn jemand überkräftig eine Meinung vertritt oder einen anderen Menschen angreift, oder wenn zu viele das Gleiche sagen. Der

Witz an der Reaktanz ist ja, daß sie dafür sorgt, daß Menschen dann plötzlich nicht mehr ihrer ursprünglichen Meinung sind und statt dessen eine gegenteilige Position einnehmen. Das schafft Herr Litzmann unentwegt. Auch wenn er z.B. Franz-Josef Strauß unterstellt, extra am 03. Oktober gestorben zu sein, damit wir, mit dem neuen Nationalfeiertag, auch ihn im Gedächtnis behalten. Es knirscht auch reaktanzig in meiner Seele, wenn er die jüngere Brandt-Witwe zur Verbrennung vorschlägt. Oder wenn Spekulationen über den kranken Willy Millowitsch angestellt werden, daß er der nächste zu Bestattende im Kölner Dom sein könnte. Das finde ich dann eins drüber.

Jetzt wird Martin Stankowski von Herrn Litzmann alias Rainer Pause vorgestellt. Alle Geschichtslehrerinnen und -lehrer der Republik sollten zu dieser Veranstaltung zwangsverpflichtet werden. Schon als Schülerin ahnte ich, daß Geschichte so spannend sein könnte, wenn sie nicht so gähnend-langweilig präsentiert würde, wie das in den Schulen noch zu oft der Fall ist.

Ich höre gebannt zu, freue mich über Details, die ich noch nicht kenne, die ich bereichernd finde, die meinen Blick auf Heilige und Märtyrer-innen, auf die Römerinnen, auf den Reliquienhandel, auf Heldengräber und Vergessenes verändern. Gleichzeitig ärgere ich mich beim Zuhören auch über die Art der gängigen historischen Forschung, die sich scheibchenweise mit der Geschichte befaßt. Diese Elfenbeinturm-Bewohner-innen, die sich blendend in der Phase von 1513-1531 auskennen, statt den Sittenwandel an einem Thema (oder möglichst an mehreren) im Laufe der Jahrtausende so zu beschreiben, daß wir alle daraus lernen, erkennen und Weisheit schöpfen könnten. Das ist das, was hier durch den Stankowskischen Gang durch die Jahrhunderte passiert und durch die Einlagen von Herrn Litzmann immer wieder mit Tagesaktuellem boshaftig und dumpf, bauernschlau und vereinsmeierisch konterkariert wird. So macht mir das Klüger-werden Spaß. Und daß es anderen auch so geht, sehe ich in den Gesichtern, wenn ich in die Runde blicke: Hier gelingt, daß sich Menschen bereitwilliger mit Dingen beschäftigen, mit denen sie zunächst nicht soviel zu tun haben möchten, weil vielen das Thema heute so fremd und schwer geworden ist.

Auch das macht der Abend sichtbar: Wie unreif wir in unserer Zeit mit dem Tod umgehen. Wie verrückt die Folgen davon sind, daß wir unser Sterben, die Leichen und alles, was damit zusammenhängt, derartig krampfhaft aus unserem Leben verbannen.

Anfangs reagiert das Publikum zögerlicher. Es scheint spürbar, daß nicht alle es für normal halten, in einer Kirche donnernd zu klatschen. Aber auf die Dauer wird die Atmosphäre immer wärmer. Nicht nur wegen der Lampen. Eine Stecknadel kann man fallen hören, als sich Herr Litzmann – wie schon vermutet – in den aufgestellten Sarg legt, um mal probezuliegen. Doch. Da sind sie, die Berührungsängste mit den Gegenständen des Todes. Es ist rührend und absurd zugleich, wenn er sich ein zweites Kissen wünscht, oder seine Idee verkündigt, daß er sich in den Deckel von innen ein Foto von seinem Verein kleben möchte, oder Löcher reinmachen will, in den Deckel, wegen der Luft, oder damit die Seele vielleicht doch rauskommen kann. Alles geheime Phantasien, die sich heute keine-r mehr auszusprechen – ach was – bloß zu denken wagt?

Das Ganze hat etwas von den Mysterien-Spielen des Mittelalters: der Tod und das Volks-Schauspiel, der Ernst und das Lachen wieder vereint. Oder: Totentänze gegen die Erstarrung der Leichen und der Seelen. Ahnungen rücken näher vom fröhlichen Treiben, das früher das Klima auf den Friedhöfen bestimmte, als sie noch im Zentrum der Städte lagen. Hier wird etwas davon wieder spürbar. Auch die Erleichterung, die davon ausgehen kann.

Riesen-tosender Schluß-Applaus. Zwei strahlende Akteure. Im Nachhinein unterhalte ich mich mit Besucherinnen und Besuchern. Sie sind überrascht über viele Informationen, die sie bekommen haben. Sie schwärmen bewundernd von der Litzmannschen Glanzleistung und der klugen Zusammenstellung von Martin Stankowski. Es ist eine aufgekratzte, fröhliche Stimmung auch hinterher, mit Nachdenklichkeit gemixt – ja sogar mit ein wenig Scham über das Unwissen. Mir hat es ebenfalls großes Vergnügen bereitet. Klar – manches hat mir gefehlt. Z.B. die Idee der Genossenschaft, der »Begleitung e.G.«, die nach mittelalterlichem Vorbild und rheinlandgemäß in Köln gegründet wurde, mit dem Ziel, durch den Erwerb von Genossenschafts-Aktien den Lebenden zu gestatten, sich auf einen ganzheitlichen Prozeß einzulassen: den der Sterbebegleitung, der Leichenbetreuung und der Trauerarbeit im Nachhinein; nicht alles abgehackt an verschiedene Institutionen zu delegieren, sondern seelenschonend und vertrauensbildend – wenn's gut läuft – in einer Hand zu lassen.

Klar – es stört mich, daß hier noch einmal das Gerücht vom Leichengift, das es nicht gibt, in der Vorstellung perpituiert wird.

Aber am meisten habe ich mir gewünscht, daß sie die Verwaltung ordentlich gegeißelt hätten. Die mit ihren bescheuerten Vorschriften: z.B. daß Angehörige in manchen verglasten Leichenhallen nicht mehr hinter die Scheibe dürfen, hinter denen inzwischen auf den Friedhöfen verschiedener Städte die Toten – natürlich super dekoriert – aufgebahrt werden. Eine Unverschämtheit! Der toten Mutter, dem toten Kind, dem Opa, der Schwester oder dem Freund nicht mehr über den Kopf streichen zu dürfen! Nur weil irgendein Verwaltungshengst so einen Mist aus kulturloser Unkenntnis vorschreibt.

»Komm, das ist doch bei vielen Normalmenschen nicht anders gelaufen. Die wußten es doch auch alle schon mal anders. Das zeigt sich doch genauso an dem etwas einfacheren Beispiel, wie mit den in vielen Familien tradierten Erkenntnissen über Urin-Anwendungen umgegangen wurde. Da ist es ja keinen Deut anders gelaufen. Auch hier verschämtes Tot-Stillschweigen zum Schaden von allen.« Ach, was soll das: auf den armen Beamt-inn-en herumzuhacken. Die anderen, die Leichenprofis sind doch viel schlimmer: Diese Vorschriften-Erfüller-inn-en, die so tun, als ob der Mensch eine Maschine sei, deren Motor abrupt stehen bleibt, oder die ihre Wahrnehmungen nicht ernst nehmen oder verschweigen, z.B. daß Auszuwaidende noch Geh- und Umarmungs-Bewegungen machen sollen. Wieviele halten mit ihren Kenntnissen zurück, statt sie im Beruf, im privaten Kreis oder öffentlich allen zur Verfügung zu stellen. Wenigstens an einigen Orten werden Konsequenzen gezogen. In antroposophischen Krankenhäusern z.B. werden Leichen fünf Tage und fünf Nächte begleitet, weil man dabei Veränderungen, die manche durchmachen, beobachtet hat, und man dort offenbar mehr Respekt und Achtsamkeit in den Umgang mit einfließen läßt.

Trotzdem wünsche ich mir, daß in der Veranstaltung aufgedeckt würde, wie Friedhofsvorschriften systematisch verhindern, daß sich Menschen, die das möchten, den Leichen wieder zuwenden können: durch Paragraphen, die vorschreiben, daß der Sarg eine halbe Stunde vor der Trauerfeier geschlossen werden muß und während der Zeremonie nicht mehr – wie früher oder wie bei Bischöfen und Generälen – geöffnet bleiben darf. Wer verfügt so etwas und mit welchem Recht? Oder die Ungeheuerlichkeit, daß Trauerfeiern, z.B. in Köln, nur noch 15 Minuten dauern dürfen, per Verwaltungsvorschrift. Oder diese unsäglichen Erlasse für Friedhöfe, die diese Stätten in eine Dokumentation des Aktendeckel-Geschmacks von Spießer-inne-n verwandeln, die sich an dieser Stelle anmaßen, das Sagen zu haben. Oder dieser deutsche Schwachsinn von Friedhofszwang. Es muß ja nicht gleich so sein wie in Indien, wo Leichen Flüssen übergeben werden – auch unverbrannt. Und wir, wir Schafe, die wir das alles mitmachen, uns bieten lassen, wir hätten auch eines verpaßt verdient, wenigstens im Kabarett. Und noch ein Thema wünschte ich mir breit und ausführlich: die notwendige und wichtige Diskussion, die dringend neu geführt gehört – nämlich, wann ein Mensch wirklich tot ist. Wie kann er tot sein, wenn seine Organe noch funktionieren? Wenn er noch Kinder kriegen kann, wie die Schwangere von Erlangen?

Na komm, sei selbstkritisch: Das bemängelst Du doch nur aus der Sicht Deines eigenen Buches und vor dem Hintergrund der aktuellen politischen Debatte um die Organ-Entnahme, daß Du Dir diese Themen auch im Rahmen der »Tod im Rheinland«-Vorstellung wünschst. – Und dennoch: Die Menschen müssen doch endlich wissen, was da alles unbeforscht ist, was sie verlieren, wenn sie sich ihre Leichen wegnehmen lassen, wenn sie sie aus Unwissenheit abschieben, sie wie Sondermüll in der Nacht abholen lassen. Auch was das für ihren eigenen Trauerprozeß und was das für den Prozeß des Übergangs der Leichen bedeuten kann. Wieviel kriegen die denn vielleicht doch mit und wie lange? Die alten Riten, die Scheintoten und die Beobachtungen auf den Organtransplantations-Stationen scheinen doch den Forschungsbedarf deutlich zu machen. Also darüber müßten die zwei auch reden. Stankowski und Litzmann erreichen ihr Publikum. Also könnten sie auch inhaltlich manches sehr wirkungsvoll ritzen.

Vielleicht sollte ich ihnen zwei der letzten Briefe anbieten, die mich auf mein Buch erreichten, in denen Besorgte und Betroffene eindrucksvoll beschrieben, daß die Organ-Entnahme nur mit Tötung eines zwar nicht mehr zurückkehrenden, aber doch noch nicht richtig toten Menschen verbunden sei.

Ich male mir aus, wie herrlich Herr Litzmann und Herr

Stankowski herfallen könnten über Menschen, die zwar gut erhaltene, getragene Kleidung in Müllsäcken für den Reißwolf vor die Türe stellen, weil sie's unappetitlich fänden, getragene Kleidung von anderen anzuziehen, die aber inzwischen glauben, ein Anrecht auf Organe der Menschen zu haben, deren Kleidungsstücke sie nicht anrühren würden. Jetzt fällt mir wieder der Mann ein, der mit ein Auslöser für mein Leichen-Buch war: Mitten in der Sendung über das Herz hatte er plötzlich gesagt, er müsse wissen, ob ihm das Herz einer Frau eingepflanzt worden sei, weil seither seine Empfindungen so sehr geändert seien.

Schluß jetzt! Vermische nicht deine eigenen Anliegen mit dem, was die beiden da vorne tun. Sie machen es bravourös, wie sie witzig und informativ das Publikum aufschließen für Themen, die in den nächsten zehn Jahren sicher hochkochen und uns weiter beschäftigen werden. Und daß sie es auf diese Weise machen, in dieser Mischung aus Seriosität und Flapsigkeit, aus Ernsthaftigkeit und Sottise, das gefällt mir. Das finde ich wichtig und politisch. Das rüttelt auf. Das vergißt niemand so leicht von denen, die hier drin waren. Hoffentlich machen sie's noch oft. Dieses Kabarett an Tabu-Orten. Hoffentlich schütteln sie viele wach. Hoffentlich machen sie Mut und verbreiten das Wissen, daß Menschen auch ihre im Krankenhaus oder Altenheim gestorbenen Angehörigen noch nach Hause holen können, damit dort in Würde alle Beteiligten Abschied nehmen und Frieden machen können; und zwar so lange, wie sie es selbst möchten, ohne sich nach Amtsschimmelgeschmack zu richten oder sich aus Hilflosigkeit und Desinformation um ein wichtiges Stück Reifung, Trauer und Trost zu bringen. Es muß ja nicht sein wie in Thailand, wo die Toten 21 Tage zu Hause sind, Berühmte sogar 101 Tage, und daß, obwohl es dort bekanntlich einen Hauch wärmer ist als bei uns.

Kabarett hat ja in besonderer Weise die Möglichkeit, Verlogenheit und Beschädigung aufzudecken in dem Stil, wie eine Hörerin schrieb: »Sich abends ein Schnitzel in die Pfanne hauen – was ja nichts anderes als ein Leichenteil ist – aber die tote Mutter nicht mehr anrühren wollen.« Na, und außerdem: Wie anders ist unser Verhältnis zu Tod und Sterben, wenn es darum geht, Mücken zu erschlagen oder Würmer im Garten zu zerhacken. Wie sagte jemand kürzlich in der Ü-Wagen-Fragestunde?: »Wenn sie doch bloß alle ein Fell hätten und schön singen könnten.«

Flönz ist auf Kölsch Blutwurst, frisches Blut, geronnenes, mit Fettstückchen zu einer rheinischen Delikatesse verarbeitet. Und »Himmel un Äd« sind Baum- und Erdäpfel – als Apfelmus und Kartoffelpüree gemischt. Manche würden dafür sterben; aber es ist nicht jedermanns und nicht jederfraus Sache. So ist es mit dieser Vorstellung sicher auch, die wie ein Sittenbild des geronnenen Blutes unserer Leidensgeschichte im Verdrängen des Todes ist, hier schmackhaft aufbereitet, genau die Phase zwischen Himmel und Äd. Na ja, wie sät dä Kölsche: Et passeet ja nix umesöns«. Vielleicht haben ja die, die heute dafür zuständig sind, daß jahrtausendealte Rituale kaputt gehen, zuviele Leichen gesehen, in den Kriegen, in den Trümmern, in den KZ's, im Terror des Nazi-Regimes. Und vieles war ja auch starr und erstickend an dem, was üblich war. Nun ist es wohl an den Jüngeren, wieder anzuknüpfen, aus Geschehenem zu lernen, die wertvollen Teile von Ritualen neu zu entdecken und andere – mit weniger autoritärem Leben – so zu entwickeln, daß die Würde wieder zurückkehren kann. Dazu ist dieses Programm auf jeden Fall ein wertvoller Beitrag, der es verdiente, nicht nur im Rheinland, sondern überall gelesen und gehört zu werden.

Noch etwas beschäftigt mich auf dem Heimweg: Ob der Tod in den Fluren und Badezimmern der Krankenhäuser, das Abschieben in die Altenheime, was ja sicher viele Gründe hat, nicht vielleicht auch darin begründet liegt, daß sich Menschen heute aus lauter Unwissen so sehr vor den Leichen fürchten? Warum werden sie so versteckt? Warum ist es nicht mehr üblich, sie offen und öffentlich durch die Stadt zu fahren? Wie kann es sein, daß es Menschen gibt, die über 50 sind und noch nie im Leben einen toten Menschen gesehen haben und nicht einmal wissen, daß ihnen damit etwas Wichtiges fehlt, weil es Folgen hat? Für das eigene Leben und für die Angst vor dem Tod. Dem eigenen und dem von Nahestehenden.

Stankowski und Pause machen Mut, mit Stadtverwaltungen, Krankenhäusern, der Ärzteschaft, Bestatter-inne-n um das zu ringen, was viele von uns verloren haben: die Kultur um den Tod und die Erkenntnis, was uns Leichen – jenseits von Mumienforschung und Pathologie – lehren können: z.B. daß es wunderschöne Tode und Tote gibt, oder daß der Tod einem Menschen nicht unbedingt zwangsläufig zustößt, sondern etwas zu Vollbringendes sein kann. Das belegen Geschichten von Menschen, die ihre Lieben um sich versammelten, um ordentlich, für immer, Abschied zu nehmen, und die dann tatsächlich kurz darauf starben. Und noch etwas können uns die Frischgestorbenen beibringen, nämlich: fröhlicher und gelassener zu leben, das Beruhigende am Tod, die ewige Ruhe, schätzen zu lernen. Ist das nicht merkwürdig angesichts all der Angst und Furcht?: Ewig leben möchte niemand. Das galt bereits als die schlimmste Strafe in vielen Märchen und Mythen.

Also, nichts wie hin, wenn die beiden das nächste Mal in Ihrer Nähe sind. Hier ist ein angenehmer Weg, sich dem schwierigen Thema zu nähern. Damit bietet sich für alle, die das wollen, die Chance, viel Versäumtes nachholen bzw. ändern helfen zu können. Jede-r auf ihre/seine Weise, an ihrem/seinem Ort. Das wünscht uns allen herzlich

Ihre
Carmen Thomas

Carmen Thomas, geb. 1946 in Düsseldorf, seit 1968 Rundfunk- und TV-Journalistin, WDR, BBC und ZDF, 20 Jahre Mediatorin der wöchentlichen Radio-Sendung »Hallo-Ü-Wagen«, ist seit sechs Jahren Leiterin der Abteilung »Forum für Mitmach-Sendungen« im WDR. Sie schrieb u.a. »Ein ganz besonderer Saft – Urin« und »Berührungsängste – vom Umgang mit der Leiche«, »Blick über den Zaun – Erfolge und Erfahrungen mit Urin«.

Ist die Leiche un(an)tastbar?

Bestseller-Autorin Carmen Thomas bricht eines der letzten Tabus

Zwischen Todesmoment und Friedhof liegen die Stunden oder Tage, in denen ein Mensch als Leiche gilt. Allein das Wort Leiche kommt vielen nur schwer über die Lippen. Die meisten Menschen haben noch nie einen Toten gesehen oder gar berührt. In ihrem Buch **Berührungsängste** bringt Carmen Thomas uns den Umgang mit der Leiche wieder näher. Sie will dazu ermutigen, die Distanz zu überwinden und helfen, mit dem toten Körper eines geliebten Menschen besser umzugehen.

Die Erfolgsautorin geht damit ein weiteres Tabu-Thema an. Wieder beeindruckt sie durch zahlreiche Erfahrungsberichte und eine Fülle von Fakten, die zum Beispiel das Märchen vom "Leichengift" entlarven.

Carmen Thomas
Berührungsängste
Vom Umgang mit der Leiche
ISBN 3-8025-1279-0

vgs verlagsgesellschaft

INHALT

I. Begrüßung – Grabpflege ist Heimatpflege 7

II. Rheinisches Martyrium 17
   Die Römer und der erste Märtyrer 18
   Die Kritik der rheinischen Vernunft 21
   Helena und die römische Grabpflege 24
   Feiern am Grab 28

III. Heilige Versicherer 37
   Vom Friedhof zum Veedel 38
   Severin und der Ursprung des Hochwassers 44
   Der wahre Jakob 46
   Nothelfer gegen unheilige Allianz 49
   Christophorus und der gute Tod 51

IV. Himmel, Knochen, Fegefeuer 55
   Die Erfindung des Fegefeuers 56
   Nachspiel bis zum Siegestor 57
   Die Spielregeln und das Seelgerät 58
   Seelenheil und Inflation 60
   Die Heiligen und ihre Knochen 62
   Die Hl. 3 Könige 65
   Die knochenintensivste Region Nordwesteuropas 66
   Hänsel und Gretel 68

V. Wo sich Leichen gleichen 71
   Öffentlicher Tod 72

Die Bestattermesse 76
Französische Ordnung 80
Tote im Sozialismus 82
Gleichheit auf dem Friedhof 86

VI. Eine Spur in der Geschichte 91
Heldengräber und Vergessen 92
Das Geheimnis des 3. Oktober 94
Organ und Seele 96
Mausoleum und Museum 103

VII. Der letzte TOP: Verschiedene(s) 109

Letzte Worte von Carmen Thomas 115

Bildnachweis 133

BILDNACHWEIS

Alle Karikaturen von Achim Greser und Heribert Lenz, Frankfurt/M.

Alle Fotos von Manfred Linke/laif, Köln, außer S.36: Hacky Hagemeyer/transparent, Köln

Andere Quellen: S. 4: Bestattungshaus Pütz, Bergisch-Gladbach/ 22: Norbert Ohler, Sterben und Tod im Mittelalter, München 1990, S. 258/ 25: Martin Stankowski, Der Löwe von Köln, Aachen 1987, S. 53/ 26: Ehrmann, Allgäu/ 28: Ernst and Johann Lehner, Devils, demons and witchcraft, New York 1971, S. 98/ 30: Die tageszeitung, Berlin 25.3.1994/ 31/32: Monheimer Brauerei, Monheim im Rhl./ 39: Arnold Stelzmann, Robert Frohn, Illustrierte Geschichte der Stadt Köln, Köln 1958, S. 64/ 42/43: Ernst and Johann Lehner, Devils, demons and witchcraft, New York 1971, S. 113/ 47/48: Privatbesitz, linke Hälfte Rainer Pause, rechte Hälfte Martin Stankowski/ 50: Leuwen, St. Peter, Belgien/ 52: Norbert Ohler, Sterben und Tod im Mittelalter, München 1990, S. 201/ 59: Schweizerisches Landesmuseum, Himmel, Hölle, Fegefeuer, Zürich 1994, S. 65/ 67: Privatbesitz/ 73: Philippe Ariés, Bilder zur Geschichte des Todes, München 1984, S. 191/ 75: Kairos e.V., Memento Mori, Köln 1995, S. 75/ 77: Prospekt Alois Theisen, Blankenrath o.J./ 88: Tabo Ines News, Den Haag 1994/ 90: Prospekt BayWa AG, Würzburg o.J./ 113: Ernst and Johann Lehner, Devils, demons and witchcraft, New York 1971, S. 174

Martin Stankowski
KÖLN – Der andere Stadtführer

Band I (Altstadt/Innenstadt/Dom)
Band II (Neustadt/Südstadt/Ringe/Rhein/Deutz)

Gebunden

Köln wird oft als die nördlichste Stadt Italiens bezeichnet. Bei Kirchen, Karneval und Klüngel stimmt das sicher, bei der mediterran-leichten Lebensform wird es bisweilen behauptet, und beim Klima ist sicher Schluß mit dem südlichen Vergleich. Wie auch immer – Köln ist eine Stadt mit eigenständigem und ausgeprägtem Charakter, den nicht nur Dom und Rhein, Rathaus und romanische Kirchen, Altstadt oder Ringe ausmachen, sondern auch die Hinterhöfe, Seitenpfade und vergessenen Plätze.

Die Wanderungen in diesem Band meiden daher die ausgetrampelten Pfade des Tourismus, bewegen sich jedoch auch entlang historischer Epochen oder kunstgeschichtlicher Stile.

Die vorgeschlagenen Touren sind die täglichen Wege über Straßen und Plätze, entlang an Häusern, Kirchen und Büros – und immer werden dabei Geschichten erzählt. Geschichten, bei denen nicht die Hauptanliegen der Minderheiten aus Rathaus, Kirche und Salon im Vordergrund stehen, sondern die Nebensachen der Mehrheiten.

Kiepenheuer & Witsch

Jürgen Becker und
Martin Stankowski
Biotop für Bekloppte
Ein Lesebuch für Immi's und Heimathirsche

KiWi 369
Mit Illustrationen von papan und Fotos von Manfred Linke
Neue Ausgabe

Das Buch zum erfolgreichen Kabarettprogramm!

Jürgen Becker, Kabarettist und Karnevalist, und Martin Stankowski, Stadtführer und Autor, haben die Geschichte(n) um Knochen, Klüngel und Klerus in die gemeinsame Kappe geworfen. Heraus kommt ein Lesebuch über Köln und die Welt, eine außergewöhnliche Geschichtstour durch ein liebenswertes Biotop für Bekloppte.

KiWi Paperbackreihe bei Kiepenheuer & Witsch

Was Sie gerade **gelesen** haben, können Sie jetzt auch **hören**!

Tod im Rheinland

gibt es ab sofort auch auf **CD**. Rainer Pause und Martin Stankowski in Bestform.

Erschienen auf dem Chlodwig Label
im Vertrieb der BMG Aris.